MANUEL T. CONDE
Entrenador Nacional de Fútbol.
Entrenador R. C. Celta de Vigo S.A.D.
(Juvenil División de Honor).

JUAN C. OLIVA
Licenciado en Educación Física.
Entrenador Nacional de Fútbol.

ENTRENAMIENTO COMPETITIVO

IMPORTANCIA DE LA FRECUENCIA CARDÍACA EN LA PLANIFICACIÓN DEL ENTRENAMIENTO

ANÁLISIS, EVOLUCIÓN Y VALORACIÓN DE LA FRECUENCIA CARDÍACA

JUEGOS APLICATIVOS Y COMPETITIVOS

© **INSTITUTO MONSA DE EDICIONES**

Gravina, 43 · Tel. +34 933 810 050 · e-mail: monsa@monsa.com
08930 SANT ADRIÀ DE BESÒS (Barcelona)
www.monsa.com · www.monsashop.com

I.S.B.N: 84-96096-11-4
Depósito Legal: B-18874-2003

A mis sobrinos Jorge, Carla y Esther, porque han sido, son y seguirán siendo motores afectivos en la creación de estos documentos.

A Sé, conocedora de esta locura, por haberme "dejado prestados" esos minutos de nuestro tiempo.

Manuel Conde

A mi padre.

¡Ojalá pueda dar a mi hijo el mismo cariño personal y la misma pasión por el fútbol!

Juan Carlos Oliva

ÍNDICE

INTRODUCCIÓN

Cuando Manolo Conde, me requirió para realizar la introducción de uno de sus manuales del entrenador; supuso un halago y al mismo tiempo una responsabilidad añadida para estar a la altura de su dedicación y sus intenciones.

El fútbol es un deporte que en los últimos años ha experimentado grandes cambios en su metodología de entrenamiento.

Esto ha sido posible gracias a personas como Manolo Conde y Juan Carlos Oliva que han dedicado su tiempo al análisis minucioso, a la profunda reflexión y a la recopilación de información sobre el juego del fútbol.

El libro esta compuesto de dos partes bien diferenciadas en su exposición, aunque hermanadas en fondo y forma como lo son siempre teoría y práctica.

En la primera parte encontramos un soporte teórico que permitirá al entrenador entender los fundamentos de la metodología utilizada; Siempre teniendo en cuenta que lo más importante es adaptarla a las características y necesidades de los jugadores con los que contamos.

"La metodología debe ajustarse a lo que el jugador es capaz de hacer, categorías que sabe procesar, dependencia o independencia del campo en sus tomas de decisiones, la predicción o acomodación a los acontecimientos y demás elementos que configuran su personalidad competitiva" (Francisco Seirul.lo)

La finalidad del entrenamiento consiste en el desarrollo de la aptitud para el fútbol. En optimizar la capacidad de juego del futbolista de acuerdo a sus posibilidades. Por todo esto una estrategia efectiva de entrenamiento debe estar orientada hacia el juego como un todo, y a la actuación en él. La mejor forma de conseguirlo es utilizar medios de entrenamiento específicos para el fútbol.

Por todo esto los autores proponen una metodología basada en tareas integrales donde se entrenan todas las estructuras del jugador al mismo tiempo (estructura condicional, coordinativa y cognitiva etc.); dando prioridad al aspecto táctico – cognitivo-, que es la parte del entrenamiento que da sentido al juego, que nos permite conocerlo, y responder a las preguntas que el juego nos propone "cuando", "como" "donde" "por que", y "quien o quienes". Debemos entrenar para la comprensión del juego.

Para ello el desarrollo de los procesos cognitivos del futbolista resulta determinante, intentando mejorar la capacidad del futbolista para analizar las señales, interpretarlas y tomar variadas soluciones motrices de acuerdo a sus posibilidades.

"Solo el propio deportista es capaz de conocer la diferencia entre el valor deseado y el valor real, esta diferencia le hará modificar su forma de interpretar los acontecimientos" (Francisco Seirul.lo)

En el fútbol, los aspectos perceptivo – motrices son los más importantes.

Las demás estructuras (coordinativas, condicionales o emotivo - volitivas) deben ser abordadas de manera que puedan facilitar el acceso a niveles tácticos mas elevados.

Los preparadores físicos (que somos un entrenador más y así tenemos que sentirnos) debemos ampliar nuestra responsabilidad en el entrenamiento y no solo concebirlo como una mejora de la capacidad condicional, sino como una mejora de la capacidad de juego del futbolista; que según mi opinión debe ser nuestro objetivo principal. El jugador tiene que jugar mejor, no correr más, sabiendo que cuanto mejor se juega, menos y mejor se corre. Ese punto de partida nos ayudará a orientar mejor nuestras tareas de entrenamiento.

En la segunda parte (tomos 2 y 3), la más amplia, el entrenador no solo encontrará una gran variedad de juegos y partidos de fácil aplicación, sino que, cada uno de ellos será susceptible de ser modificado introduciendo numerosas variantes.

Debemos tener presente que la variabilidad en las situaciones de entrenamiento permite que el futbolista descubra patrones individuales de movimiento que le permiten responder de una forma más eficaz a las tareas motrices planteadas. Entendiendo la variabilidad como los cambios en las condiciones iniciales, intermedias, finales, en la amplitud de movimiento, en el espacio, en la velocidad de ejecución etc..

Todas estas tareas están ordenadas por objetivos tácticos, con una orientación de la carga física y del momento de la temporada donde pueden ser empleadas.

Recordando que deben ser adaptadas al nivel de nuestros jugadores y a las condiciones de entrenamiento con las que contemos.

En definitiva, es un paso más en el camino por mejorar un modelo de entrenamiento que se ajuste mas a las características y necesidades de los deportes colectivos como el fútbol.

Por último, pero no menos importante en un manual de fútbol, me gustaría destacar la forma sencilla, didáctica, amena, y de fácil comprensión con que esta escrita; lo que convierte su lectura en una entretenida tarea.

Por todo ello y conociendo el rigor y el interés que han depositado los autores en este manual me animo a invitarles a que le encuentren un lugar de privilegio dentro de su biblioteca futbolística.

José Mª Sanz Sánchez
Licenciado en Educación física.
Entrenador Nacional de Fútbol.
Ex-preparador físico del Real Oviedo,
C.D.Tenerife y Real Zaragoza.

PRÓLOGO

Presentar un libro como el que el lector tiene entre sus manos supone para mí un pequeño reto, ya que implica resumir en pocas palabras aquellos pensamientos que he defendido desde hace décadas. Ha pasado tiempo desde que el fútbol era considerado un asunto a caballo entre la suerte y la intuición, en el que sus jugadores surgían casi por generación espontánea. En la actualidad, este deporte supone inversión económica y espectáculo, implica planificación y organización, y reclama conocimiento y ciencia.

Si décadas atrás era casi imposible relacionar este deporte con lo científico, en la actualidad es necesario. Las exigencias de las actuales ligas, el número de partidos que deben jugarse y la elevada calidad de los equipos, obliga a plantearse cómo deben ser todas y cada una de las sesiones de entrenamiento, un entrenamiento en el que se trabajan íntegramente las dimensiones de la persona, del deportista, y no sólo la parcela técnico-táctica.

El autor, conocedor de estas demandas, ha escrito este libro con la esperanza de favorecer y engrandecer este deporte, pero con el objetivo de acercar al lector, entrenador o profesor, a los aspectos claves en la formación y desarrollo de un futbolista, para lo cual se fundamenta en los numerosos datos e investigaciones que permiten dar mucha más luz sobre este deporte.

Un profesional del fútbol debe emplear su intuición, sus corazonadas, pero a diferencia del ego, éstas están basadas en el conocimiento y en la investigación, lo que le confiere posición privilegiada para poder lidiar con la complejidad, con el cambio, con la adaptación necesaria para imponer la autoridad basada en criterios futbolísticos.

Como entrenador, espero que el libro que el lector tiene en sus manos les ofrezca numerosas oportunidades para la reflexión, la indagación, creatividad y para la solución de problemas. Posee las cualidades para ser considerado un libro necesario para los amantes del fútbol, dada su versatilidad, nos sirve como instrumento de apoyo al trabajo diario, en definitiva, es un texto que les recomiendo, con la esperanza de que con ello enriquezcamos este deporte que tanto amamos.

Rádomir Ántic

Entrenador Nacional de Fútbol,
Ex-entrenador del Real Zaragoza,
Real Oviedo, At. Madrid y R. Madrid.
Desde Febrero de 2003 entrenador del F.C.Barcelona

Importancia de la frecuencia cardíaca en la planificación del entrenamiento

1. Análisis de la Modificación de la Frecuencia Cardíaca en la Competición.

Del análisis y observacion de partidos, obtenemos una serie de datos que debemos utilizar para mejorar nuestras sesiones de entrenamiento. De esta forma, el entrenamiento deberá favorecer la aparición de condiciones similares a las que nos encontramos en la competición, tanto a nivel de intensidad como a nivel de relación entre el trabajo y la pausa. Será por tanto básico conseguir recrear situaciones similares tanto de frecuencia cardíaca del jugador como de recuperación.

Existen numerosos estudios referentes a la evolución de la fc en la competición.

A continuación detallaremos algunos de ellos:

SMODLAKA (1978). Durante 2/3 del partido, el futbolista se encuentra alrededor del 85% de la **Fc máxima**.

EKBLOM (1981). En estudios realizados con jugadores aficionados, la fc oscilaba entre el 80 y el 90% de la Fc máxima.

BOEDA (1984). La Fc media habitual a lo largo del partido se encuentra alrededor de las 170 puls/minuto.

JOEL CORBEAU (1984). El futbolista durante los 90´de un partido se mueve en los límites del **umbral aeróbico-anaeróbico**. Este umbral aparece con una frecuencia cardíaca próxima a las 170 pulsaciones.

REILLY , T. (1991). La **Fc media** es la primera parte de un partido es de 164±10 (86% fc máx), mientras que en la segunda parte los valores bajan hasta 157±11 (82% fc máx).

BOSCO, C. (1991).En 2/3 del partido la frecuencia cardíaca oscila alrededor del 85% de la máxima.

JIMENEZ, MENDILUCE, OSTALEZA (1993) La FC media durante la competición és de 166 pul/min, mientras que el porcentaje de FC máxima es del 84,75%.

MASACH, J. (1996). La Fc media de un partido es de 166,3±2,92 mientras que el porcentaje de fc máx és del 87´11%±2,09.

Aparecen términos como "Fc media", "porcentaje de Fc máxima", "Fc de umbral aeróbico-anaeróbico", que utilizaremos posteriormente para tratar toda la información que proviene de los registros cardíacos.

Generalizando toda la información anterior, podemos extraer las siguientes consideraciones que nos ayuden a entender la evolución del ritmo cardíaco durante la competición:

* En el transcurso de un partido la Fc varía entre 120 y 150 pul/min, como valores más bajos y las 185-190 en fases de solicitación extrema.
* La Fc media durante la competición se sitúa entre 165-175 pul/min. Estas cifras medias corresponden a valores comprendidos entre el 80% y el 86,7%., así como a porcentajes elevados de la potencia aeróbica máxima (80-91%).
* La intensidad de las cargas competitivas es bastante alta (más del 70% del tiempo de juego se superan las 165 puls/min).
* Existen diferencias significativas en la Fc media según la posición en el campo, con valores comprendidos entre 171 p/m (delanteros), 170 p/m (centrocampistas) y 155 p/m (defensas).
* La frecuencia cardiaca predominante en la competición (30 minutos aproximadamente) se sitúa a niveles cercanos al umbral aeróbico-anaeróbico (150-170 puls/min).
* Parece evidente que la mayoría de jugadores alcanzan la frecuencia cardíaca máxima en un periodo de tiempo bastante prolongado.

Por tanto, en situación de partido, deberemos tener en cuenta las siguientes consideraciones:

- Menor nivel de fatiga.
- Mayor nivel de pulsaciones.
- Menor recuperación.
- Menor distancia recorrida.
- Improvisación.
- Las pulsaciones ascienden a valores elevados y descienden poco.

2. Evolución de la Frecuencia Cardíaca en el Entrenamiento.

A continuación analizaremos dos experiencias que intentan describir la evolución de la frecuencia cardíaca dentro del entrenamiento:

Según unos estudios personales referentes al análisis durante toda una temporada de los niveles de Fc media de las diferentes sesiones, vemos que existen diferencias significativas entre el tipo de sesión en microciclos con un único partido de competición oficial:

DIA	TIPO DE SESION	F.C. MEDIA	F.C. MAX.
Lun - Mar	Recuperación	112 ± 8	128
Miercoles	Carga Media - Alta	154 ± 12	174
Jueves	C. Alta - Partido entren.	159 ± 10	182
Viernes	Carga Media	144 ± 8	166
Sabado	Carga Baja	123 ± 9	139
Domingo	Partido oficial	166 ± 9	188

Analizando de forma cualitativa los diferentes medios de entrenamiento utilizados en dichas sesiones, extraemos varias conclusiones:

-Existen notables diferencias entre los valores de Fc media y Fc máxima encontrados en las sesiones de entrenamiento y los partidos de competición. Estas diferencias están claramente marcadas por el tipo de objetivo de la sesión.

-No existe ningún tipo de correlación a nivel cardíaco, en una sesión de entrenamiento físico o en aquellas donde predominan los ejercicios técnico-tácticos.

-Únicamente en los juegos-ejercicios aplicativos o en los partidos de entrenamiento conseguimos un nivel similar de pulsaciones al encontrado en la competición.

-Después de analizar las Fc medias y el Porcentaje de Intensidad Máxima de trabajo de toda una temporada, vemos que el coeficiente de variabilidad de los registros (desviación estándar/media), es de 0,11 en los registros de FC media y 0,16 en el %IMáx., es decir, en estos últimos registros aumenta de forma considerable la variabilidad de los datos. Por tanto, al utilizar un índice general para cuantificar la carga de entrenamiento utilizaremos la Fc media, mientras que para realizar análisis más individualizados utilizaremos el %IMáx..

MASSACH, J (1998), nos aporta información sobre la evolución de la frecuencia cardíaca media dentro del entrenamiento en función de dos variables:

A) Según el tipo de sesión.
No existen diferencias significativas en la intensidad del entrenamiento al utilizar ejercicios con o sin balón.

Partidos de liga (158) y amistosos (153)

Sesión mediante partidos de preparación (140±8)

Sesión Principal - Medios especiales o con balón (124±13)

Sesión Mixta - Medios espaciales y auxiliares (129±13)

Sesión Complementaria - Medios auxiliares o ejercicios sin balón (130±9)

B) Según el periodo de la temporada.
No existen diferencias significativas entre sesiones según periodos.

Para concluir, vemos que en situación de entrenamiento, deberemos destacar las siguientes consideraciones:

-Mayor nivel de fatiga.

-Pulsaciones cardíacas menores.

-Déficit lactácido muy superior.

-Mayor intensidad.

-Carreras y esfuerzos de tipo lineal.

-Fatiga prevista, sin factor sorpresa.

3. Valoración de la Carga de Entrenamiento en Fútbol.

La magnitud de la carga de entrenamiento nos resume el trabajo realizado por los jugadores relacionando dos factores como intensidad y volumen de entrenamiento.

El procedimiento empleado para efectuar el cálculo de la carga es la valoración de la frecuencia cardíaca total de la sesión (Korcek 1980), analizando la carga externa (tiempo empleado en los diferentes medios de entrenamiento) así como la carga interna (Fc).

Este procedimiento realiza la suma de los productos parciales del tiempo de trabajo (en minutos) por la intensidad en base a la Fc media (puls/min) de cada ejercicio realizado.

Al multiplicar el tiempo de trabajo de la sesión por la frecuencia cardíaca media se obtiene la carga correspondiente. Al valorar la frecuencia cardíaca total de la sesión, valoramos únicamente los momentos de intensidad durante la sesión, nunca los momentos en que la frecuencia cardíaca está por debajo de las 120 pulsaciones.

Independientemente de la finalidad de la carga (aeróbica, mixta o anaeróbica), Korcev considera tres clases de zonas de la frecuencia cardíaca en base a la suma total de pulsaciones de la sesión:

Carga	Pulsaciones Totales Sesión
Grande	Entre 14500 y 25000
Media	Entre 8000 y 14500
Pequeña	Menos de 8000

Korcev considera una valoración general de la carga para todas las sesiones, sin diferenciar el objetivo de las mismas.

J. Masach (1998), utilizando el mismo procedimiento para calcular la carga de entrenamiento, llegó a las siguientes conclusiones:

-La mayor carga de trabajo se alcanza en los partidos oficiales seguido de los partido amistosos. Las diferencias observadas entre los mismos provienen de la duración del partido (al utilizar en los partidos amistosos un mayor número de jugadores).

-Las sesiones de entrenamiento con mayor magnitud de carga son las efectuadas en la parte intermedia del microciclo semanal, sin apreciarse diferencias significativas entre las realizadas mediante medios especiales (con balón), auxiliares (ejercicios sin balón) o mediante la propia actividad competitiva.

-A nivel de valores medios, no se observan diferencias significativas en la magnitud de carga respecto a los diferentes periodos de la temporada.

4. Individualización del Entrenamiento Utilizando los Cálculos de FC.

> Normalmente el entrenador debe optimizar el entrenamiento físico y los juegos técnico-tácticos, en base a una intensidad media que permitirá entrenar a todo el equipo, sin perder de vista las exigencias particulares de cada jugador.
>
> Estas exigencias particulares son las que determinarán si un ejercicio resulta más o menos entrenable para cada jugador, y creará la necesidad de subdividir a los jugadores en grupos homogéneos, en función de sus valores de frecuencia cardíaca (mínima y máxima).

La utilización de pulsómetros, con franjas de esfuerzo programadas, nos facilitará el control de la intensidad de carga para los diferentes grupos de jugadores durante el transcurso del entrenamiento, (cada grupo podrá conocer la intensidad de su carga gracias a las diferentes señales sonoras que emitirá el pulsómetro). El estudio del tiempo real de permanencia del jugador en la franja de trabajo programada, nos diferenciará el trabajo programado y el trabajo real de la sesión.

Esta individualización del entrenamiento la podemos conseguir mediante el conocimiento del porcentaje de intensidad máxima y del umbral anaeróbico de cada jugador.

Porcentaje de Intensidad Máxima
Para conocer dicho porcentaje utilizaremos la siguiente fórmula:
% Intensidad: (Fc media trabajo-Fc reposo) / (Fc máx-Fc reposo)

Para calcular la Frecuencia Cardíaca Máxima, se sugiere la realización del Test de Course Navette con la anotación de los incrementos de Fc cada 5".

El test consiste en recorrer tramos de 20 mt. a velocidad creciente cada periodo de un minuto, siendo indicado el ritmo mediante señales sonoras. El resultado se considera el último periodo que el jugador es capaz de soportar y coincide con sus niveles de Fc más altos. Si durante el control de la competición o del entrenamiento, se registran valores superiores de Fc, se anotarán estos últimos.

Para calcular la Frecuencia Cardíaca de Reposo, se sugiere determinar esta fc en las primeras horas de la mañana. Si por comodidad tenemos que realizarlo antes de la sesión de entrenamiento, deberemos mantener al jugador en posición tendida, relajada, registrando los datos de fc durante 5´. La Fc de reposo será la media de los datos obtenidos más bajos.

El rango cardíaco (el intervalo entre el número máximo y mínimo de pulsaciones cardíacas) nos permitirá confeccionar grupos homogéneos de jugadores durante la sesión de entrenamiento, de forma que jugadores con Fc en reposo más baja pueden trabajar con idénticos porcentajes de intensidad máxima pese a no alcanzar valores de Fc tan altos.

Umbral Anaeróbico

Otro aspecto que nos ayudará a individualizar la carga del entrenamiento, es la determinación de la zona de transición aeróbica-anaeróbica individual de cada jugador.

Desde el punto de vista fisiológico, denominamos umbral anaeróbico a la intensidad de trabajo en la que se pasa del metabolismo aeróbico al anaeróbico.

El conocimiento de dicho umbral se debe realizar mediante un test progresivo maximal aeróbico y con el posterior estudio de la curva velocidad/f.cardíaca.

La mayoría de autores coinciden en utilizar para determinar este umbral el Test de Conconi, por su facilidad de aplicación y por una buena adaptación cardíaca. Recordemos que el Test de Conconi propone una velocidad de carrera progresivamente creciente marcada por un magnetófono que indica el paso de cada 50 m. realizado en una pista de 400 m con referencias en el suelo y aumento la velocidad en 0,3 m/s cada vuelta.

El protocolo de estas pruebas siempre es similar, se observa el incremento de la Fc en función del incremento de la velocidad, estimando el umbral anaeróbico en función de la ruptura de la linealidad en la curva Fc/velocidad.

Como experiencia personal, decidimos encontrar dicho umbral a través del Test de Course Navette, por poseer características más similares a la competición, es decir, más cambios de dirección y mayores incrementos de velocidad en espacios más cortos de tiempo.

Después de realizar el test de Course Navette con una plantilla semi-profesional obtuvimos una media de umbral de 172±5 pulsaciones, es decir unos valores similares a los citados por otros autores (próximo a las 170 pulsaciones).

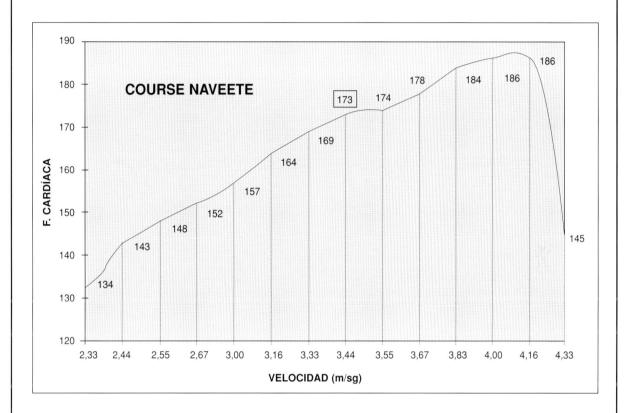

Desde el punto de vista del entrenamiento, el umbral anaeróbico es aquella zona óptima para sobrecargar el metabolismo aeróbico. Entrenando por encima de dicho umbral conseguimos una serie de adaptaciones en el organismo del jugador que le permite conseguir mejoras aeróbicas trabajando de forma anaeróbica.

La forma en que se produce el esfuerzo, ya sea por encima o por debajo de este umbral, tiene una repercusión en la curva de recuperación de la frecuencia cardíaca que sigue inmediatamente al esfuerzo.

Una recuperación de 4´ es el tiempo mínimo de recuperación que debe emplearse en la recuperación de esfuerzos efectuados próximos al umbral de transición aeróbico-anaeróbico (cerca de 170 pulsaciones).

Esta recuperación posee dos niveles de decrecimiento durante los posteriores 5´, primero es muy rápido (de 170 a 130 puls. - 1' 45") y después se produce de forma más lenta (130 a 110 puls. - 3'). Corbeau menciona las 130 pulsaciones como el nivel de recuperación del futbolista.

En resumen, veamos cuales son las aplicaciones individuales que podemos realizar dentro del entrenamiento, si conocemos los límites cardíacos de cada jugador:

o Determinar el esfuerzo durante el trabajo aeróbico así como la valoración de la mejora producida durante el periodo precampeonato.

o Analizar la capacidad de recuperación de un jugador durante la actividad física.

o Valorar la intensidad con la cual cada jugador interpreta un entrenamiento táctico competitivo. Si un jugador participa poco, obtendremos niveles de fc bajos. Esto permitirá determinar la carga real que el jugador ha soportado durante la sesión y permitirá individualizar su preparación física.

o Entrenar según determinados porcentajes de intensidad máxima o bien por encima del umbral anaeróbico individual, consiguiendo mayores adaptaciones fisiológicas al entrenamiento.

o Facilitar el control adecuado del rendimiento de un jugador lesionado que vuelve a entrar en la dinámica de entrenamientos del equipo.

o Comprender situaciones de estancamiento físico y la imprevisibilidad del rendimiento después de una parada en el campeonato.

5. Conclusiones.

A. Correlación Entrenamiento y Competición.

La utilización de pulsómetros dentro de la sesión de entrenamiento nos permite obtener una información básica para poder programar las sucesivas sesiones de trabajo, conociendo si el futbolista alcanza o bien supera los niveles de frecuencia cardíaca encontrados en la competición.

El objetivo del entrenamiento, será obtener una mayor correlación entre los parámetros físico y cardíaco, obteniendo igual densidad y una continuidad del trabajo similar a la realizada durante la competición. Si el entrenador intenta respetar bien la cantidad de metros recorrida o bien las pulsaciones, se encuentra con dificultades manifiestas. La misma distancia recorrida en un entrenamiento, no alcanza el nivel de pulsaciones de un partido. Para obtener la misma curva de nivel de pulsaciones necesitamos un volumen y una intensidad netamente superior, creando un déficit que nos impedirá alargar el entrenamiento.

Al intentar crear una estructura del entrenamiento que se encuentre plenamente relacionada con la curva cardíaca del partido, será necesario respetar varias cuestiones de fondo:

o Para realizar la sesión de entrenamiento de forma correcta, debemos reproducir niveles de carga similares al de la competición, intercalados con pausas de recuperación cuya duración dependerá del tiempo transcurrido hasta conseguir alcanzar las 120 pulsaciones.

o Es conveniente disminuir la duración de los ejercicios aumentando a la vez el número de series, con el objetivo de aumentar la intensidad de trabajo. Una actividad de máxima intensidad, se debe realizar con periodos máximos de 5´.

o La organización de entrenamiento debe estructurarse mediante intervalos de 2'-3' con pulsaciones muy elevadas. El rango cardíaco de trabajo durante estos intervalos debe variar entre un máximo de 190 y un mínimo de 160-170. Si se tiene en cuenta la parte emocional de un partido, las pulsaciones deben disminuir un 6-10%.

o Educar al jugador haciéndole entrenarse siempre en situaciones "límite". El nivel que podrá mantener estará directamente correlacionado a su grado de forma.

o Al trabajar con porcentajes de intensidad máxima, en lugar de la frecuencia cardíaca media, existen diferencias más significativas entre jugadores, lo que nos ayudará a individualizar el trabajo. Para facilitar el control individual del trabajo, debemos situar el pulsómetro al nivel mínimo deseado, haciendo que suene la señal acústica cuando lo supera. Esto determinará la repetición de bloques de 2'-3'.

o Cualquier trabajo que realice debe partir de un nivel de pulsaciones muy elevado. Con un nivel de pulsaciones alto, se requiere poco trabajo para incrementarlas hasta límites máximos.

o El factor principal no es la actividad que realiza, sino de que nivel de pulsaciones parte. La capacidad de alcanzar y mantener este nivel el mayor tiempo posible, determina la mejora de la cualidad de resistencia específica del futbolista.

B. Organización del Entrenamiento.

Una vez que conocemos las condiciones ideales para favorecer la máxima correlación entre el entrenamiento y la competición, veamos tres modelos diferentes de organización del entrenamiento.

Desde nuestra perspectiva personal, nos inclinamos por las propuestas específica y mixta, lo que nos permitirá estructurar el entrenamiento mediante la aplicación de los juegos competitivos que presentamos en este libro.

Manuel Conde - Juan C. Oliva

C. Metodología de Aplicación de los Juegos Competitivos.

La estructura de los ejercicios o juegos de entrenamiento en los cuales queremos obtener los niveles de Fc del partido, deberán controlar de forma proporcional varios parámetros como las dimensiones, duración y número de jugadores. Pequeñas variaciones de estos parámetros pueden dar lugar a diferencias significativas en los las Fc medias de los juegos aplicados.

A continuación, veamos unas consideraciones finales que nos facilitarán la aplicación de los juegos competitivos dentro del entrenamiento, aprovechando todos los estudios realizados anteriormente:

o Intentar conseguir eliminar las pausas dentro del tiempo de trabajo, de forma que no existan momentos sin actividad. Algunos consejos para conseguir esta continuidad de trabajo serían:

- Realizar las valoraciones al finalizar las repeticiones de un ejercicio (después de la mitad del periodo de recuperación).
- Dejar balones preparados en los límites del campo.

o Hacer pensar a los jugadores, encontrando tiempos de juego y movimientos. Ante un trabajo general incorrecto, parar el tiempo y dejar que los jugadores discutan entre ellos los problemas.

o Realizar diferentes repeticiones del mismo juego con una duración entre 3' y 5'. Asegurar la continuidad del trabajo realizando muchas repeticiones de cada juego a lo largo de la temporada.

o Fomentar que el jugador inicie la actividad con un nivel de pulsaciones elevado, contrarrestando la carga emocional existente en la competición y facilitando la consecución de valores cardíacos máximos.

o Estimular continuamente el trabajo intentando conseguir el máximo nivel de intensidad y competitividad entre los jugadores. Fomentar pequeñas competiciones entre los diferentes grupos formados.

o Entrenar el juego posicional, con posiciones precisadas de todos los jugadores dentro de la actividad, intentando fomentar la repetición de los gestos técnicos específicos. Incentivar igualmente que el jugador realice 2 o 3 contactos máximo con el balón, para facilitar la velocidad de balón.

6. Características de los Juegos Aplicativos.

(Ventajas de su aplicación al Entrenamiento).

Si estudiamos la evolución del futbol en los últimos años, todos coincidiríamos en afirmar que el aspecto más cambiante se centra en los medios de preparación del futbolista.

Las sesiones de entrenamiento sufren una transformación que permite desterrar el trabajo analítico para incluir una nueva metodología basada en el entrenamiento integral. Se abren unas nuevas perspectivas dentro del entrenamiento intentando integrar los aspectos condicionales y cognitivos del propio juego.

Este cambio radical, provoca la aparición de nuevos autores como Maurice Senno, Hors Wein o Queizoz, que proponen la utilización de la pedagogía activa dentro del entrenamiento y de la formación del futbolista. Uno de los principios fundamentales de la pedagogía activa, es la transferencia dentro del entrenamiento de condiciones similares a las encontradas en la competición. Se intenta organizar el entrenamiento desde el punto de vista del juego, partiendo de los principios tácticos del mismo y recreando las situaciones que se repiten de forma habitual en los partidos.

Al intentar analizar las diferencias entre la estructura convencional de un entrenamiento y las condiciones propias de la competición, vemos que una de las variables con diferencias más significativas, es la frecuencia cardíaca.

En los posteriores análisis que realizaremos de esta variable prestaremos especial importancia a la aparición dentro del entrenamiento de los juegos condicionados, es decir, de juegos con objetivos tácticos definidos y con registros cardíacos similares a los encontrados en los partidos.

A.Blanco (1994), en su estudio sobre planificación en deportes de equipo, sugiere la realización, preferentemente, de partidos o juegos competitivos durante los entrenamientos, porque se aproximan más a los requerimientos cardíacos de la competición.

Manuel Conde - Juan C. Oliva

Esta afirmación nos lleva a analizar cuales son las ventajas intrínsecas de la aplicación del juego competitivo en el entrenamiento deportivo:

A) A nivel técnico-táctico, por reproducir fácilmente los objetivos buscados por el entrenador.

B) A nivel de motivación del jugador, por la continua utilización del trabajo con balón.

C) A nivel de intensidad de trabajo, por moverse en niveles de frecuencia cardíaca similares a los de la competición.

Vemos por tanto que existe una correlación positiva entre el juego competitivo y los niveles de frecuencia cardíaca, hecho que nos lleva a analizar en profundidad éste último parámetro.

7. Consideraciones a los Juegos y Ejercicios Aplicativos.

El entrenamiento de los juegos aplicativos requiere considerarlos como una estructura global. Resultará fundamental para lograr dicha globalidad la predisposición para el cambio de actitud y de disposición en relación con el juego ofensivo, como defensivo, tanto individual como colectivamente.

Cada uno de ellos consta de diferentes objetivos operativos y son estos elementos los que el entrenador tiene que intentar potenciar con su trabajo.

La metodología básica de estas actividades consistirá en provocar situaciones en las que el jugador tenga que pensar constantemente, de manera que mejoren sus respuestas, tanto en eficacia como en rapidez, durante el juego.

Estas formas de entrenamiento están pues encaminadas a potenciar la inteligencia del jugador tanto en el juego sin balón como con balón y siempre en función de las diversas situaciones de juego. De esta forma intentamos ampliar su capacidad para percibir todas las posibilidades que se le planteen, que las interprete correctamente y que pueda encontrar la solución.

Nuestro objetivo es que los jugadores:

- aprendan a tomar decisiones.
- potenciar su agilidad mental.
- que posean una buena percepción espacio-temporal.
- que aumente su capacidad de decisión.
- que forjen su inteligencia táctica (memoria táctica) a través del conocimiento del juego y de su pensamiento táctico.

La capacidad de percibir y saber interpretar las posibilidades del juego la conocemos con el nombre de **visión de juego**.

Objetivos generales a desarrollar con posesión del balón:

1.- <u>Fomentar un ritmo rápido en la circulación del balón y en la velocidad del juego:</u>

La calidad técnica, la visión y el sentido creativo de los jugadores también influirán en su velocidad, otros de los puntos a tocar en nuestro entrenamiento.

Para que el balón circule con rapidez es necesario tener velocidad de pensamiento, percepción, decisión y ejecución, es decir, sincronizarlas. Lo que se busca con este entrenamiento es mejorar las respuestas del jugador y, para lograrlo, les obligamos a pensar constantemente en el juego.

Otro factor a tener en cuenta a la hora de diseñar estas actividades es que estos ejercicios exigen esfuerzos altos, de manera que el tiempo de ejecución y los intervalos de descanso deben estructurarse en función de que dicha velocidad no disminuya.

2.- <u>Conservación del balón y control del juego:</u> podemos incidir en los movimientos de apoyo sobre el balón, fomentar líneas de pase.

3.- <u>Visión del juego:</u> para mejorarla cambiaremos constantemente la ubicación de los jugadores y de sus zonas de trabajo, con lo que les obligamos a tener variedad de respuestas para las diferentes situaciones que se les planteen.

La visión del juego depende tanto de la capacidad de ver -correcta orientación, visión periférica y atención- como del conocimiento táctico -ataque y defensa individual y colectivo-.

Este concepto lo trabajaremos en espacios reducidos para adquirir más eficacia en aquellas situaciones donde el espacio y el tiempo sean reducidos -en banda, cerca de la portería rival, dentro del área...-; de esta manera conseguiremos que el jugador esté más atento a las situaciones que al balón en sí.

4.- <u>En función de un determinado objetivo táctico ofensivo:</u> intentaremos educar los automatismos necesarios para desarrollar los diferentes conceptos basándolos en situaciones reales de juego.

5.- <u>Finalización:</u> potenciaremos situaciones en las que el objetivo sea conseguir gol.

Objetivos a desarrollar sin posesión del balón:

Potenciaremos situaciones tácticas reales de juego en la que nos ayude a recuperar el balón y sabiendo diferenciar entre interceptarlo y tenerlo en nuestro poder, buscando la situación ofensiva en función de las diversas circunstancias del juego.

Mediante la táctica, tanto individual como colectiva, y los diferentes mecanismos de percepción, de decisión y de ejecución podremos desa-rrollar tanto los automatismos de ataque como los de defensa.

Para que el aprendizaje táctico tenga buenos resultados hemos de insistir en el cumplimiento del objetivo a desarrollar.

7.1 Introducción Ofensiva.

El trabajo ofensivo también parte de diferentes principios fundamentales. La ejecución de dichos movimientos estará fundamentada principalmente en acciones técnico-tácticas, es decir, con o sin balón, de manera individual o colectiva y su entrenamiento está enfocado al juego del equipo poseedor del balón.

Será dicho equipo el que combinando estos principios, llegue a la meta contraria, es decir, alcance su objetivo que es progresar hacia la portería contraria y conseguir el gol.

Al igual que en todos los demás aspectos tácticos del fútbol, resultará básica la capacidad de concentración de cada jugador, su solidaridad con el resto del equipo y su disponibilidad psicológica, su conocimiento del juego y pensamiento táctico (inteligencia táctica).

El entrenamiento básico constará de una serie de principios a desarrollar que son: desmarque, ataque, contraataque, desdoblamiento, espacios libres, apoyos, ayudas permanentes, paredes, temporizaciones, carga, conservación del balón, control del juego, ritmo de juego, cambios de ritmo, cambios de orientación, velocidad en el juego, progresión en el juego y vigilancias.

Vamos a ver cada cual es la finalidad de cada uno de estos principios:

· **Desmarques:** su objetivo a nivel individual es eludir el marcaje del adversario y ubicarse en una situación favorable para recibir el pase o generar espacios libres. A nivel colectivo sirve para desconcertar a la organización del equipo contrario.

Hay dos tipos: el de apoyo, cuya aplicación al juego es dar continuidad al ataque o contraataque y conservar la posesión del balón. El segundo tipo es el desmarque de ruptura cuya utilidad es favorecer la progresión hacia la portería contraria.

Para llevarlo a cabo correctamente hemos de fomentar los cambios de ritmo y de dirección con el fin de sorprender al rival, la visión de las posiciones, movimientos de los compañeros, así como la sincronización en el golpeo del balón con la carrera del compañero.

· **Ataques:** para que sea efectivo hemos de contar con la colaboración de la mayoría de los jugadores, de manera que consigamos el apoyo necesario para llegar a la portería contraria.

· **Contraataques:** por el contrario, este requiere por una parte, la participación de pocos jugadores, que favorecen una rápida construcción ofensiva (acciones simples, gran verticalidad en la circulación del balón y del movimiento de los jugadores) partiendo de una buena organización defensiva por otra.

· **Desdoblamientos:** estas acciones requieren saber jugar desde el puesto y también estar dispuesto a salir de él cuando sea necesario, por lo tanto resulta fundamental la disposición a realizar colaboraciones con los jugadores más próximos a nosotros. Los elementos que vamos a necesitar para realizarlo son un jugador defensor en misiones ofensivas y otro en prestación de ayuda defensiva.

Su objetivo es garantizar una ocupación racional del terreno, estar disponible para realizar vigilancias y evitar la formación de los espacios libres.

· **Espacios libres:** estos espacios se pueden crear, ocupar o aprovechar y esto hemos de tenerlo en cuenta en nuestro entrenamiento. Se fundamentan en la rapidez mental, la percepción espacial del terreno de juego, conocer la ubicación tanto de los compañeros como de los rivales y la conciencia de que aún sin balón se puede ser creativo.

Dichos espacios han de ser creados mediante movimientos de arrastre realizados sobre los adversarios, y esto también hemos de potenciarlo con el entrenamiento.

· **Apoyos:** hay diferentes tipos: laterales, diagonales, en profundidad, desde atrás y desde delante.

Y para todos ellos hemos de contar con todos los jugadores, incluido el portero, cuando el equipo posee el balón. En el entrenamiento se realizarán mediante desplazamientos coordinados sin balón y en todas las direcciones y distancias.

Ayudas permanentes: para ello es fundamental la solidaridad con el grupo, la movilidad constante y los conocimientos tácticos.

· **Paredes:** es una fórmula que podemos realizar preferentemente a partir de nuestro centro del campo, adquiriendo más protagonismo en las inmediaciones del área contraria y que requieren la precisión tanto en el pase como en la devolución, así como el saber cómo y dónde están colocados los contrarios.

· **Temporizaciones:** puede ser individual o colectiva y sus objetivos son, entre otros, conservar la posesión del balón y permitir, entre otras, la recuperación física, la llegada de compañeros, la conservación del balón, del resultado..., para lo que se necesita saber utilizar los cambios de ritmo y conocer la situación en el terreno de juego de compañeros y rivales.

· **Cargas:** requieren la aplicación de la fuerza física en el momento oportuno para lograr realizarlo en la posición más estable y equilibrada posible.

· **Conservación del balón y control del juego:** necesita de ayudas y apoyos permanentes para lo que se requiere la colaboración de todo el equipo, la seguridad en el pase y la amplitud en el juego (dominar el ancho en el juego).

· **Ritmo del juego:** hay que percibir el juego propio y el de los contrarios y la alternancia tanto en la velocidad como en el tipo de pases.

· **Cambios de ritmo:** pueden ser individuales, colectivos, lentos o rápidos y para todos ellos hay que potenciar la alternancia y el conocimiento de la zona o fase y el ritmo que queramos imprimir en cada una de ellas.

· **Cambios de orientación:** pueden ser simples o compuestos pero siempre requieren una buena visión espacial y saber crear, ocupar y aprovechar espacios libres, así como saber liberar una zona donde la intensidad de jugadores es elevada.

Manuel Conde - Juan C. Oliva

· **Velocidad en el juego:** requiere rapidez por parte de los jugadores, tanto física como mental, de manera que hay que conseguir que piensen antes de recibir y que no confundan velocidad con precipitación.

· **Progresión en el juego:** hay que potenciar la realización de desmarques de apoyo y ruptura, así como el aprovechamiento de los espacios libres y el acompañamiento y escalonamiento en la ubicación de nuestras líneas y nuestros jugadores.

· **Vigilancias:** requieren de la concentración en el juego, del control y la previsión de posteriores evoluciones, del sentido del equilibrio y de una orientación y distancia adecuadas sobre los jugadores o espacios que vamos a vigilar.

No debemos olvidar que para obtener una mayor eficacia en nuestra estructuración ofensiva debemos apoyarnos en los aspectos básicos ofensivos:

- Creación, ocupación y aprovechamiento de los espacios libres.
- Saber jugar desde el puesto y no sobre el puesto.
- Profundidad   - Amplitud.
- Movilidad   - Velocidad.
- Progresión - Mentalidad ofensiva.
- Cualidades volitivas.

7.1.1 Movilidad. Circulación de Balón. (Juegos de Posesión)

La movilidad exige velocidad (tanto física como mental) a los jugadores, pero también sincronización, puesto que si no las posibilidades de perder el balón aumentarán y las de tenerlo en nuestro poder disminuirán.

Tienen que saber mover el balón con rapidez lo que les permitirá crear, ocupar y aprovechar los espacios libres dificultando con ello las posibilidades de marcaje.

La velocidad del balón dependerá de la movilidad de los jugadores, pero también de la calidad técnica, de la visión y de la creatividad de los jugadores que han de ser rápidos en pensamiento y acción, sin por ello reducir su eficacia.

Nuestro objetivo es progresar en el juego para alcanzar la portería contraria y, para ello, debemos ser rápidos tanto en carrera como en ejecución lo que lograremos reduciendo el número de toques/combinaciones, perfeccionando el pase y sincronizándolo con la carrera del compañero.

Para ello todos los jugadores han de cooperar tanto el que esté en posesión del balón como los otros que han de estar atentos para darle soluciones al poseedor e impedir así la intervención del adversario.

Como atacantes obtendremos ventaja si realizamos combinaciones que obliguen a la defensa del equipo contrario a fijar su atención en nosotros y, para ello, es importante una acción de equipo con desmarques ordenados de varios atacantes a la vez, por lo que resulta fundamental la coordinación de las acciones entre todos los jugadores.

Como dice Lillo: *"La llamada la da el jugador que no tiene el balón, la respuesta el que lo tiene"*.

Debido a esto los jugadores no deben actuar independientemente (las acciones individuales otorgan lentitud al juego), sino que tienen que tener en cuenta a sus compañeros ya que es muy difícil que un equipo sea eficaz ofensivamente si el poseedor del balón no recibe la colaboración por parte de sus compañeros, las acciones colectivas siempre tienen difícil neutralización.

Por otra parte cada jugador debe buscar su situación de manera que tenga ventaja sobre su adversario.

Cuando aparece el "juego sin balón" la compenetración es imprescindible, de manera que mientras unos buscan -se desmarcan hacia delante o lateralmente- zonas poco defendidas por los jugadores del equipo contrario, otros tienen que acercarse al poseedor del balón con el fin de mantener el mismo.

Es imprescindible saber jugar por momentos sin balón, pero siempre con el fin de mantener su posesión el mayor tiempo posible, de manera que seamos nosotros los que marquemos el ritmo del juego y los que dispongamos de más opciones para lograr situaciones de superioridad numérica en ataque para así lograr nuestro objetivo: **conseguir el gol**.

7.1.2 Profundidad. (Juegos de Verticalidad)

La profundidad es lo mismo que el sentido perpendicular/vertical del juego y consiste no sólo en atravesar el centro del campo, sino que hay que procurar llegar al área contraria en disposición de remate con varios jugadores.

Con el juego en profundidad se pretende llegar al área contraria de manera que las acciones a realizar están encaminadas a ganarle terreno al adversario, intentando conseguir una posición de remate con varios jugadores.

En el entrenamiento hemos de intentar conjugar velocidad con seguridad y reducir el número de toques, de manera que el balón evolucione rápidamente hacia la portería del rival.

Para ello es imprescindible el sentido perpendicular/vertical realizado con desplazamientos largos del balón. Este tipo de jugadas nos llevan a realizar ataques rápidos, lo que conlleva frecuentes pérdidas del balón.

Durante las acciones de ataque el equipo poseedor del balón ha de atravesar la zona de medio campo en el menor tiempo posible, consiguiendo así una mayor profundidad ofensiva y, por lo tanto, un mayor número de situaciones de peligro, buscando la finalidad del gol.

Es decir, hemos de jugar "pensando" siempre hacia delante, intentando proteger el balón y superando las líneas contrarias que nos oponen.

La progresión del ataque resulta muy importante para lograr nuestro objetivo: la ocasión de marcar gol. Esta fase tiene que ser rápida, siendo conscientes de la profundidad y, por supuesto, contando con las características individuales y colectivas de los jugadores.

Manuel Conde - Juan C. Oliva

7.1.3 Amplitud. (Juegos de Utilización de las Bandas)

Consiste en abarcar a lo ancho el máximo espacio del terreno de juego, sobre todo en zonas contrarias al balón.

Cuando se está jugando, atacando o contraatacando, siempre hay una zona del campo que se descuida, en la que se cede terreno al equipo contrario y es ahí donde debemos poner toda la atención que podamos para hacer progresar el balón.

Hay que intentar tener jugadores también en esa zona y, para ello, la planificación de nuestras acciones debe contar con los máximos efectivos posibles en todo el ancho del campo.

Si lo hacemos así en todas las fases de las jugadas ofensivas: iniciación, creación, finalización-definición, conseguiremos más espacio para desarrollarlas y, al mismo tiempo, reduciremos las posibilidades del equipo contrario para impedir nuestra progresión.

Debemos no caer en la tentación de llevar las jugadas por el centro, si jugamos con más amplitud conseguiremos maniobrar mejor por dentro y, de esta manera, aprovecharemos mejor las zonas y ángulos de tiro.

Si amplío los espacios consigo mayores líneas de pase interior, lo que permite a los jugadores moverse con más libertad y, conseguir así mayor y mejor fluidez en el movimiento del balón.

7.2 Introducción Defensiva.

Las acciones defensivas están formadas por una serie de principios que son los siguientes:

Marcaje, repliegue, cobertura, permuta, desdoblamiento, ayudas permanentes, vigilancias, temporizaciones, entradas, carga, anticipación, interceptación, pressing, ventaja numérica, profundidad defensiva y velocidad defensiva.

Todos estos principios son movimientos básicos que, realizados de manera individual o colectiva, están encaminados a recuperar el balón cuando éste se encuentra en posesión del contrario o impedir que el rival se acerque a nuestra portería.

Pero además de estos principios arriba mencionados también son necesarias una serie de cualidades mentales o psíquicas de los jugadores, tales como la capacidad de sacrificio, la disposición, la capacidad de concentración, agresividad, fortaleza mental ...

Estas cualidades han de ser importantes para el entrenador, puesto que la situación mental de los jugadores es fundamental a la hora de pasar en el menos tiempo posible de una mentalidad ofensiva de ataque, a una mentalidad defensiva cuando se pierde el balón.

No debemos olvidar que la intuición y anticipación mental es fundamental a la hora de buscar una eficacia en la recuperación ya que ésta le permitirá adelantarse a las nuevas situaciones y conseguir así el objetivo que es, en este caso, recuperar la posesión.

Y para obtener un mayor éxito en su entrenamiento tendremos en cuenta los siguientes argumentos:

· **Marcaje:** es de carácter individual o colectivo y su finalidad es dificultar la participación del otro jugador en la ofensiva de su equipo. Para ello hay que tener en cuenta la posición del balón con respecto a nuestra portería y nuestro adversario más cercano.

Cuando el balón está cerca se realiza directamente al jugador. Por detrás cuando el ataque es frontal y lateralmente cuando se realiza por las bandas.

Para llevarlo a cabo adecuadamente tenemos que haber tenido en cuenta el sistema de ataque que utiliza el equipo contrario y estar más cerca de nuestra portería que el rival.

· **Repliegue:** se realiza de manera individual o colectiva y nos permite organizar rápidamente la defensa al tiempo que reduce los espacios libres del rival.

Para ello hemos de guardar distancias con el resto de compañeros y alcanzar velocidad de movimiento de retroceso para adelantarnos a los movimientos ofensivos del rival.

· **Coberturas:** hay tres tipos (a un compañero, a una línea determinada del equipo y a un espacio libre) y si las realizamos bien conseguimos impedir la progresión del rival y obtener una buena distribución del espacio.

Los problemas que nos puede plantear el realizarlas mal es anular la posibilidad del fuera de juego o, por ejemplo, efectuarlas correctamente cuando la disposición de los jugadores es en línea.

· **Permutas:** este tipo de acciones requieren de una buena concentración en el juego y de un sentido colectivo que nos permita colaborar con el resto del equipo.

· **Desdoblamientos:** con ellos vamos a potenciar el saber jugar en el puesto, desde el puesto y fuera del puesto así como facilitar el cambio de "chip" cuando estemos en otra posición o realizando una función distinta a la que teníamos encomendada en principio.

· **Ayudas permanentes:** aquí hemos de tener en cuenta la visión tanto de los espacios libres como de los compañeros, pero además también requieren una constante movilidad de los jugadores y cambios de ritmo.

· **Vigilancias:** realizarlas requiere concentración en el juego para saber determinar la importancia del espacio o rival al que vigilamos y poder percibir con antelación la evolución del juego. Para ello hemos de potenciar una ocupación racional del terreno de juego así como manejar la distancia adecuada para llegar antes que el rival.

· **Temporizaciones:** tenemos que conseguir controlar el ritmo y el tiempo de acción cuando queramos realizar una temporización.

· **Entradas:** requieren confianza, decisión y contundencia así como concentración en el balón y en el rival en posesión del mismo. Hemos de potenciar en los jugadores una buena percepción para ver si conviene realizarla y si es posible que esperen a tener cobertura.

· **Carga:** para ello se requieren valentía, decisión y aportar la fuerza física necesaria en el momento oportuno. Hemos de potenciar que se realice en la posición más estable y equilibrada posible.

· **Anticipación:** esta acción requiere una buena orientación sobre el adversario y el balón. Para ello son importantes la rapidez física y mental y saber medir bien la trayectoria del balón.

· **Interceptación:** hay que procurar medir bien el momento del contacto, procurando que el balón quede en nuestro poder y tener en cuenta la altura, la velocidad y la trayectoria del balón.

· **Ventaja numérica:** para aventajar al rival en número de jugadores se requiere gran capacidad de repliegue individual, una buena percepción tanto del espacio como de los jugadores que lo ocupan y la solidaridad entre todos los jugadores.

Es importante un buen escalonamiento para que las ayudas sean efectivas.

· **Profundidad:** para llevarla a cabo son importantes las actuaciones coordinadas y equilibradas de cada una de las líneas del equipo y la de los jugadores de una misma línea, así como la de los jugadores que actúan más próximos.

Para ello hay que potenciar la visión de los compañeros y contrarios más cercanos y tener en cuenta la solidaridad defensiva con el resto del grupo.

· **Velocidad defensiva:** para potenciar esta capacidad se requiere la visión de juego, de los contrarios y de los espacios libres en defensa; también son importantes a nivel individual, la capacidad de repliegue, la velocidad y los cambios de ritmo.

Potenciando esto conseguiremos coordinar los movimientos defensivos y actuar en defensa con la antelación necesaria.

Debemos tener presente que estos principios se reforzarán con los aspectos básicos defensivos para que la eficacia sea mayor:

- Orientación en el marcaje (individual).
- Profundidad defensiva (colectiva).
- Ventaja numérica.
- Velocidad defensiva.
- Mentalidad defensiva.
- Cualidades volitivas.

7.2.1 Defensa en Zona. (Juegos de Defensa Zonal)

Se puede entender que uno empieza a defender en zona cuando administra una parcela de terreno, a partir de la cual va modificando su posición en función de dónde se encuentre el balón, sus compañeros, adversarios, en relación a la portería propia, es decir: dominar un espacio y en ese espacio intervenir (quien domina el espacio domina el juego).

Lo que pretendemos a través del entrenamiento con juegos aplicativos es que el jugador se sienta más partícipe, entienda el juego y pueda "razonar" lo que hace antes de que se enfrente a la competición, lo que le otorgará una mayor seguridad en su juego individual y, por tanto, en su aportación al rendimiento del colectivo.

Manuel Conde - Juan C. Oliva

Para ello tendremos la obligatoriedad de apoyarnos en aspectos y principios tácticos defensivos con el objeto de obtener una mayor eficacia:

- Marcaje al hombre con balón. - Marcaje al hombre sin balón (más alejado).
- Basculaciones. - Defensa en ayuda (coberturas).
- Relevo defensivo (permuta). - Profundidad defensiva.
- Amplitud defensiva. - .....

Fortaleciendo con ello los distintos mecanismos zonales que pretendemos desarrollar:

- Adelantamiento de líneas reduciendo espacios.
- Mantener el juego enfrente de la defensa.
- Dominio de las correctas distancias (equilibrio entre cada línea, línea y jugadores de cada línea) y orientaciones en función del poseedor del balón.
- Evitar que el atacante gane la espalda al defensor.
- Aprovechamiento del tiempo de desplazamiento del balón para provocar su recuperación.
- Neutralización 2x1

Manuel Conde - Juan C. Oliva

Por tanto su entrenamiento metodológico nos va a permitir en la competición repartir mejor los espacios y esfuerzos con el objeto de obtener un beneficio colectivo.

Partiremos en la concepción de la defensa zonal que ésta no limita al equipo ofensivamente; no la debemos estructurar como una solución defensiva como tal, ya que ésta condiciona y facilita la fase de iniciación del ataque y contraataque ("Presionamos para jugar, no jugamos para presionar"). Nos organizamos para recuperar el balón y atacar. Cuando se manifiesta cualquier juego aplicativo cuyo objetivo sea desarrollar la defensa zonal, nunca podemos desentendernos de las consecuencias ofensivas una vez recuperemos el balón.

Es importante tener presente que los equipos contrarios manifestarán recursos para combatir nuestro marcaje y, a través de estos trabajos, nosotros podremos desarrollar los mecanismos necesarios para neutralizarlos.

A la hora de aplicar un marcaje zonal es necesario que conozcamos los aspectos favorables y desfavorables del mismo.

Manuel Conde - Juan C. Oliva

7.2.2 Recuperación Rápida del Balón. (Juegos de Presión)

Todos somos conscientes que el trabajo sin balón se efectúa con el objetivo no de defender, sino de recuperarlo lo antes posible.

Ante la presión del balón del equipo contrario y, a través de este entrenamiento, podremos aplicar diversos automatismos o referencias (tanto individuales como colectivas) que nos permitan apoderarnos del balón o dificultar su progresión:

- Campo visual limitado del poseedor (banda, de espaldas ...).
- Recepción del balón con dificultad.
- Tiempo de recorrido del balón.
- ...

Así como también el cómo, cuándo y dónde nos interesa recuperar el mismo.

Hay que tener presente que el trabajo de recuperación exige hacerlo con intensidad y agresividad máxima, por ello, para obtener una mayor eficacia es importante que los jugadores posean un alto nivel de concentración, capacidad de sacrificio (actitud), mentalidad defensiva y sobre todo ganadora con la finalidad de obtener un mayor y mejor rendimiento colectivo.

7.3. Velocidad Específica.

La velocidad es la capacidad de recorrer una distancia entre dos puntos en el menor tiempo posible. En el fútbol, por lo tanto, es la capacidad de realizar una acción física, mental -percepción, decisión, ejecución- en el más corto espacio de tiempo posible.

La mayor parte de los autores la consideran una capacidad física en la que intervienen la fuerza y la flexibilidad de cada persona.

Los factores que intervienen en la mejora de la velocidad mediante el entrenamiento son:

- Capacidad del sistema nervioso central y periférico.
- Composición del sistema muscular del individuo y nivel de fuerza explosiva capaz de manifestar.
- Aspectos psíquicos (voluntad, motivación...) del individuo.

O sea, los factores que condicionan la mejora de esta capacidad son de tipo nervioso, muscular y de base (nivel de flexibilidad, potencia del deportista...).

El fútbol es un deporte integral en el cual todas las acciones han de tener en cuenta la percepción, la toma de decisiones y su ejecución y, en estas tres fases es determinante la velocidad.

Debido a esto, a la hora de planificar un entrenamiento lo más globalizador posible hay que tener en cuenta todos estos parámetros; es decir el método globalizador ha de estar integrado por todos los factores puntuales, de manera que también podamos potenciarlos.

El hecho de que los ejercicios del entrenamiento sean globales se debe a que más tarde, en el campo de juego, el futbolista tendrá que hacer uso de todas sus capacidades, tanto físicas como psicomotrices en cada encuentro, y todo ello con la mayor rapidez posible.

La velocidad en un deporte como el fútbol se convierte en un factor fundamental, puesto que el ejecutar antes una jugada o llegar antes que el adversario puede facilitarnos la victoria o, por lo menos, darnos ventaja.

Para el entrenamiento de la velocidad existen una serie de prerrequisitos que son condicionantes y que son:

- Percepción visual y orientación del cuerpo.
- Toma de decisiones.
- Coordinación técnica.
- Modificaciones producidas en las distintas situaciones de juego.

De una toma de decisiones correcta depende el éxito de una jugada y este tipo de acciones son habituales durante un encuentro ya que el fútbol, a diferencia de los deportes en los que abundan las situaciones cerradas, es un deporte en el que la toma de decisiones tiene una importancia vital para que el resultado nos sea favorable o desfavorable.

Estas decisiones se le presentan al jugador de manera repetida y para que sean las acertadas es necesario que su percepción sea eficaz; el futbolista ha de analizar y procesar rápidamente gran cantidad de información a lo largo de un partido y, para ello, ha de estar preparado.

Debido a esto el aprendizaje y conocimiento de la opciones así como de las posibles soluciones ha de ser el máximo posible, para que posteriormente la acción escogida sea la adecuada y, al mismo tiempo, sea realizada con precisión.

Por ejemplo un jugador con menos capacidad de aceleración, puede llegar antes que el contrario al balón si su percepción es más rápida que la de otro jugador que tenga una mayor velocidad física pero menor capacidad de percepción.

Velocidad de Reacción.

Las situaciones a las que un jugador de fútbol se tendrá que enfrentar durante un partido requerirán reacciones complejas, es decir, en las que existen múltiples señales que el jugador tiene que analizar.

Debido a esto los ejercicios tradicionales no tienen mucho sentido. En cambio el entrenador ha de presentarles situaciones de juego más complejas en las que se presenten los diferentes estímulos que durante el partido recibirá el jugador.

Lo que pretendemos con esto es que el jugador aprenda a anticiparse a las situaciones del juego ya que en el fútbol, cada vez más, lo importante no es saber realizar las diferentes acciones y movimientos, sino realizarlos antes que nuestro adversario.

Velocidad del Futbolista.

En la velocidad de cada futbolista influyen:

- **Velocidad de percepción**: rapidez de una persona para asimilar la información que le llega a través de los sentidos y que el cerebro tendrá que procesar.

- **Velocidad de anticipación**: tras recibir la información el cerebro crea hipótesis entre las que el jugador tendrá que elegir. Es el paso siguiente a la velocidad de percepción y en él resultan imprescindibles la experiencia y el conocimiento del medio (acciones, compañeros, adversarios y balón).

- **Velocidad de decisión**: una vez que el cerebro propone las hipótesis hay que decidir en el menor tiempo posible la más acertada, de manera que se envíe la orden al músculo correspondiente.

- **Velocidad gestual**: facilidad para, en el menor tiempo necesario, realizar un gesto determinado que sea eficaz para el juego utilizando las capacidades técnico-tácticas y físicas. También depende de las condiciones musculares (básicamente de la capacidad contráctil de su musculatura) del individuo y, en ocasiones, de su resistencia.

Manuel Conde - Juan C. Oliva

Velocidad de Desplazamiento.

Capacidad de desplazarse de un punto a otro, con movimientos cíclicos o acíclicos, a la máxima velocidad que sea posible.

Depende de varios factores: físicos, técnicos, nerviosos y procesos bioenergéticos.

El entrenamiento ha de basarse en la carrera -para la coordinación general-, en aumento de la capacidad de aceleración y reacción, en la fuerza y en la velocidad. Este último será por medio de técnicas de entrenamiento específicas del fútbol encaminadas a aumentar la velocidad máxima para lo que resulta imprescindible la motivación del jugador.

8. Descripción Individual de los Juegos Competitivos.

Nº REFERENCIA

Cada uno de los juegos recibe una numeración para facilitar su clasificación y posterior tratamiento de la información. Esta numeración nos servirá para poder realizar los cuadros generales, de forma que representen un medio de consulta rápido para todos los entrenadores de fútbol.

MEDIO

Cada uno de los juegos recibe un nombre genérico para poder identificar de forma más coloquial cada uno de los juegos competitivos.

OBJETIVO

Este es uno de los aspectos más destacados al estructurar todos los juegos competitivos. Personalmente hemos decidido utilizar la siguiente terminología para clasificar todo el entrenamiento táctico:

Juego ofensivo:
- Movilidad, circulación de balón.
- Amplitud ofensiva.
- Profundidad ofensiva.

Juego defensivo:
- Defensa zonal.
- Presión, reducción de espacios.

Incluimos igualmente la Velocidad (en sus diferentes manifestaciones) como un aspecto fundamental dentro de cualquier planteamiento técnico-táctico.

PERÍODO DE APLICACIÓN

Propuesta del período más idóneo para la aplicación del juego. Esta propuesta se realiza utilizando la terminología de dos diferentes sistemas de planificación:

Planificación tradicional: Entrenamiento general, dirigido y específico.

Planificación moderna (ATR): Mesociclo acumulación, transformación y realización.

Acumulación: Parte inicial de cada macrociclo, donde podemos trabajar aspectos centrados en volumen de trabajo. El objetivo es la elevación del potencial técnico y motor. En competición, serán la base previa a períodos de alta intensidad competitiva.

Transformación: Mesociclos o períodos de trabajo posteriores a los mesociclos de acumulación. Generalmente se trabajan componentes de menor volumen y mayor intensidad. El objetivo es la transformación del potencial de las capacidades motoras y técnicas en la preparación específica.

Manuel Conde - Juan C. Oliva

Realización: Mesociclos correspondientes a las semanas de alta densidad competitiva. Se trabajan normalmente aspectos de activación-recuperación. Las pautas de trabajo se centran en la actividad previa a las competiciones, con un entrenamiento integrado. Se realiza un modelamiento de la actividad competitiva, con un empleo óptimo de juegos con intensidad máxima trabajados en un estado bien descansado.

INTENSIDAD

Para poder valorar la intensidad de aplicación de cada juego,aportamos una referencia objetiva de la misma (apoyada en los datos obtenidos en la fc media de cada juego), así como la percepción subjetiva y muy personal obtenida al aplicar cada uno de los juegos.

Veamos la clasificación que utilizamos, así como la correspondencia aproximada a nivel de fc media:
- Baja (aprox. 120-135 puls.)
- Media (aprox. 135-145 puls.)
- Media-Alta (aprox. 145-155 puls.)
- Alta (aprox. 155-170 puls.)

F.C. MEDIA

Cada uno de los juegos competitivos posee un valor cardíaco obtenido tras practicar dicho juego en un mínimo de 8-10 entrenamientos. En cada uno de dichos entrenamientos, se registraron los datos cardíacos de dos jugadores con intervalos de 1'. Todos los datos fueron obtenidos con pulsómetros Polar Xtrainer Plus y analizados con el Interface Polar Advantage.

REPRESENTACIÓN GRÁFICA

Descripción gráfica de cada uno de los juegos.

DESCRIPCIÓN

Análisis teórico de cada juego, con especial mención al número de jugadores, espacio aproximado de juego, objetivos específicos y limitaciones reglamentarias.

VARIANTES

Propuestas para aumentar o disminuir la intensidad del entrenamiento, así como para poder conseguir objetivos paralelos.

ENTRENAMIENTOS

Propuesta de aplicación práctica de cada uno de los juegos competitivos, con la determinación del número de series, repeticiones y la duración de las mismas.

Su entrenamiento

CLASIFICACIÓN DE LOS JUEGOS COMPETITIVOS

PERIODO / OBJETIVO	TODA LA TEMPORADA	GENERAL M. ACUMULACIÓN	DIRIGIDO M. TRANSFORMACIÓN	ESPECÍFICO M. REALIZACIÓN
MOVILIDAD, CIRCULACIÓN DEL BALÓN	1 2 3 4 5 7 10 19	6 8 9 11 12 13 14 15 17 33 38 39	16 18 20 21 23 24 25 27 28 29 30 31 32 40 41	22 26 34 35 36 37
PROFUNDIDAD OFENSIVA	63	44 45	42 43 46 47 48 49 50 51 54 58 65	52 53 55 56 57 59 60 61 62 64
AMPLITUD OFENSIVA		66 67 70	68 69 71 72 73 75 76 78 81 82	74 77 79 80

CLASIFICACIÓN EN ORDEN CRECIENTE DE INTENSIDAD

CLASIFICACIÓN DE LOS JUEGOS COMPETITIVOS

PERIODO	TODA LA TEMPORADA	GENERAL M. ACUMULACIÓN	DIRIGIDO M. TRANSFORMACIÓN	ESPECÍFICO M. REALIZACIÓN
OBJETIVO				
DEFENSA ZONAL		83 84 85	86 88 89	87 90 91 92 93
PRESIÓN Y REDUCCIÓN DE ESPACIOS	94	96 104 105	95 97 98 99 100 102 107 113 114	101 103 106 108 109 110 111 112
VELOCIDAD ESPECÍFICA	115 116 117 118 119 124		121 122 123	120
	CLASIFICACIÓN EN ORDEN CRECIENTE DE INTENSIDAD			

001

MEDIO: RONDOS ANDANDO

OBJETIVO: Movilidad, circulación de balón.

PERIODO DE APLICACIÓN

Toda la Temporada.

INTENSIDAD

Baja.

F. C. MEDIA

124 ± 7

ENTRENAMIENTO

1 serie x 5-10'

DESCRIPCIÓN

Tres equipos de cinco jugadores forman un rondo en situación 10x5.

Este rondo es ideal para la parte final del entrenamiento ya que tiene la peculiaridad de que debe realizarse caminando, sin poder correr (los jugadores deben mantener siempre el contacto con el suelo).

Contabilizamos las pérdidas de cada uno de los equipos poseedores del balón, de forma que el primer equipo en realizar tres pérdidas, pasa a actuar de recuperador.

VARIANTES

1. Rondos de 4 equipos de 3 jugadores. Tres equipos actúan de poseedores y uno de recuperador, siempre caminando.

REPRESENTACIÓN GRÁFICA 001

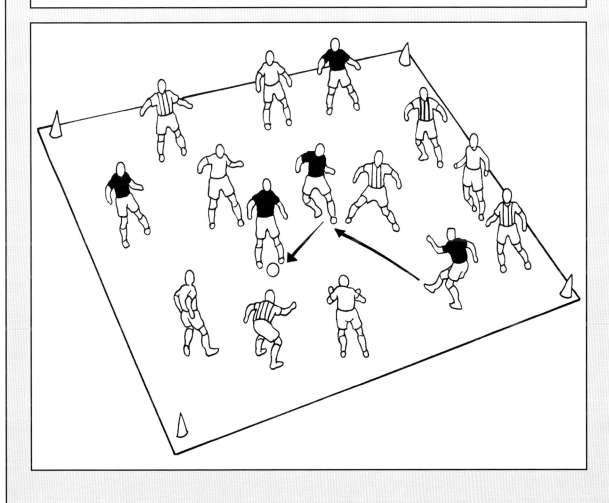

002

MEDIO: RONDO CON ESPACIO LIBRE

OBJETIVO: Movilidad, circulación de balón.

PERIODO DE APLICACIÓN

Toda la Temporada.

INTENSIDAD

Baja.

F. C. MEDIA
124 ± 4

ENTRENAMIENTO
1 serie x 10-15'

DESCRIPCIÓN

Rondo con 4 jugadores exteriores que intentan mantener la posesión del balón evitando que sea interceptado por el jugador interior.

La premisa de este juego de conservación de balón, es que después de efectuar el pase a un compañero nos ubicaremos siempre en el espacio lateral libre.

VARIANTES

1. Podemos dejar dos espacios laterales libres, con el objetivo de facilitar la movilidad continua de los jugadores exteriores.

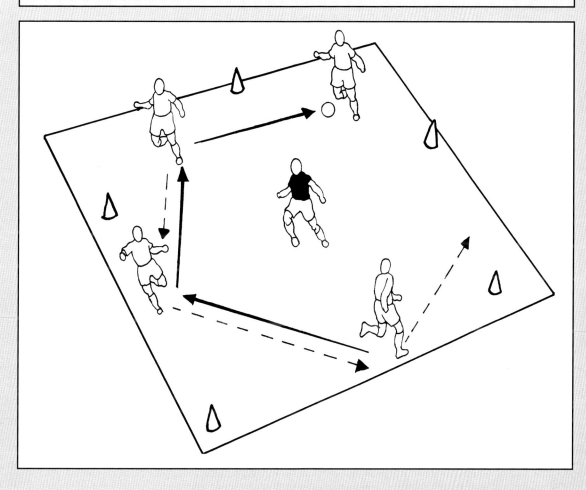

003

MEDIO: RONDOS RECTANGULARES

OBJETIVO: Movilidad, circulación de balón.

PERIODO DE APLICACIÓN
Toda la Temporada.

INTENSIDAD
Baja.

F. C. MEDIA
126 ± 8

ENTRENAMIENTO
1 serie x 10'-15'
(calentamiento)

DESCRIPCIÓN

En un espacio aproximado de 7x20 m., juegan en situación de 8x2, con los jugadores poseedores situados en dos filas frontales de 4 jugadores.

El objetivo del juego es mejorar la circulación y salida del balón con pases verticales adelante-atrás, prohibiendo el pase entre los jugadores poseedores de la misma fila.

Inicialmente los jugadores en posesión del balón juegan obligatoriamente a dos toques, para con posterioridad jugar a un único toque.

VARIANTES

1. Los jugadores situados en los extremos de las dos filas, pueden jugar de forma vertical y horizontal, mientras que los situados en el interior son los únicos que no pueden jugar de forma horizontal con los mismos compañeros de la fila.
2. Buscamos una secuencia fija de circulación de balón: Después de un pase horizontal, siempre se produce un pase vertical.
3. Situación de 6x2 (rectángulo con dos vértices). Simulamos un posicionamiento de dos centrales, dos laterales y dos pivotes, contra dos recuperadores. Los centrales y pivotes a un toque, laterales a dos.
4. Realizar el rondo rectangular con dos porteros en su interior. Competición a ver cual de los dos porteros realiza más robos con la mano.

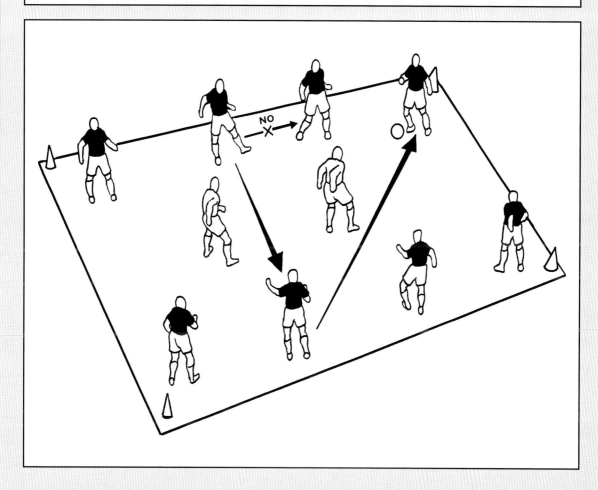

004

MEDIO: RONDOS POR CONTACTO

OBJETIVO: Movilidad, circulación de balón.

PERIODO DE APLICACIÓN

Toda la Temporada.

INTENSIDAD

Baja.

F. C. MEDIA
127 ± 12

ENTRENAMIENTO
2-3 series x 10' (3' micropausa)

DESCRIPCIÓN

Juego en un espacio aproximado de 12x12 metros, compitiendo 4 parejas, 3 poseedoras y 1 recuperadora del balón.

Con el objetivo de obligar a los equipos poseedores a tomar decisiones antes de recibir el balón y a ejecutarlas con mayor rapidez, el equipo recuperador tiene la posibilidad no sólo de robar el balón a través de su interceptación, sino que el contacto (tocar con la mano el cuerpo del contrario en posesión del balón) invalida la jugada.

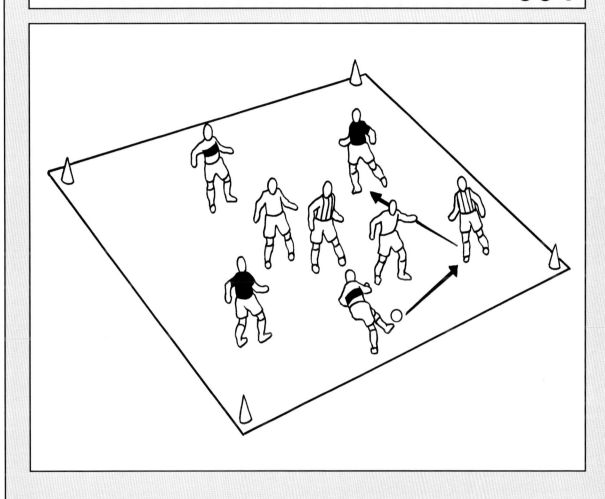

005

MEDIO: RONDOS CAMBIAN LOS LATERALES

OBJETIVO: Movilidad, circulación de balón.

PERIODO DE APLICACIÓN

Toda la Temporada.

INTENSIDAD

Baja.

F. C. MEDIA

129 ± 6

ENTRENAMIENTO

3 series x 5' (calentamiento)

DESCRIPCIÓN

En un espacio de juego aproximado de 20x20, realizamos un juego de posesión 4x2 en la mitad del espacio, sin ninguna limitación del número de contactos con el balón. Después de realizar 5 toques entre los diferentes jugadores poseedores, tenemos la opción de realizar un pase a un quinto jugador poseedor que se encuentra en la otra mitad del espacio. Después de realizar ese pase, el jugador poseedor que se encuentra de espaldas a la otra mitad de espacio, se gira y juntamente con los dos jugadores situados de forma lateral (que realizan un breve recorrido) vuelve a montar la estructura de 4 jugadores en posesión. Los dos recuperadores deben desplazarse lo más rápidamente posible entre los dos espacios de juego para intentar recuperar el balón.

El objetivo del juego es movilizar al equipo poseedor del balón, intentando que se estructure lo más rápidamente posible para favorecer las triangulaciones con balón.

VARIANTES

1. Podemos montar la actividad por parejas, de forma que existan tres parejas que alternan las posiciones de posesión y recuperación (2 laterales, 2 en los extremos y 2 recuperadores) y un jugador que mantiene la posición central (el jugador organizador del equipo).

2. En lugar de movilizar a los laterales, colocamos dos jugadores más, de forma que siempre estén montados dos rombos y que únicamente el jugador central participe de ambos.
   Dispondremos de 7 poseedores y 2 recuperadores, pero siempre en situaciones de 4x2.

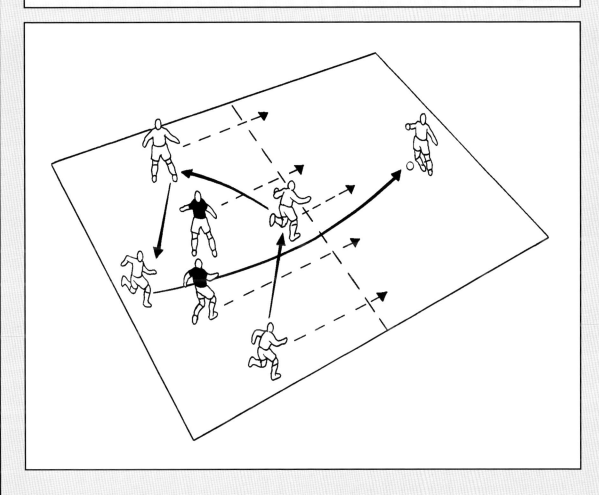

006

MEDIO: RONDOS CON DESDOBLAMIENTO

OBJETIVO: Movilidad, circulación de balón.

PERIODO DE APLICACIÓN

General - M. Acumulación.

INTENSIDAD

Baja.

F. C. MEDIA
129 ± 11

ENTRENAMIENTO
3 series x 5' (2' micropausa)

DESCRIPCIÓN

Compiten dos equipos en situación 4x4 con dos jugadores de apoyo externos por equipo.

Cuando el equipo poseedor realiza un apoyo en la banda, el jugador que recibe entra en juego (movimiento hacia el interior) y el compañero más próximo ocupa la banda, protegiendo su movimiento defensivo.

VARIANTES

1. Idéntica situación de juego, pero con la variante de que debe ser el jugador que recibe el primer pase del pivote externo, el que ocupe el espacio que ha quedado libre en banda.

2. Idéntico planteamiento pero en una situación de juego más reducida. Cuatro jugadores externos más un pivote interior contra dos recuperadores. Cada vez que los jugadores externos se apoyan en el pivote interior, deben entrar en el interior intercambiando la posición con el pivote.

REPRESENTACIÓN GRÁFICA

006

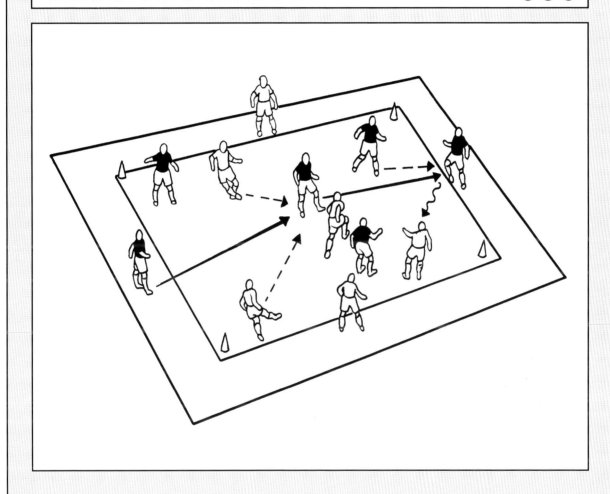

007

MEDIO: RONDOS CON CAMBIOS DE POSICIÓN

OBJETIVO: Movilidad, circulación de balón.

PERIODO DE APLICACIÓN

Toda la Temporada.

INTENSIDAD

Baja.

F. C. MEDIA

130 ± 6

ENTRENAMIENTO

1 series x 10' (calentamiento)

DESCRIPCIÓN

Juego en un espacio rectangular de 8x16 metros, marcado por 6 conos. En cada uno de los conos situamos un jugador poseedor mientras que en el interior del espacio situamos un recuperador.

Se juega en situación 4x1 en una mitad del rectángulo. Los jugadores situados en el extremo de este espacio de juego pueden cambiar el balón hasta el otro minicuadra-do. Cada vez que lo realizan, los extremos deben intercambiar las posiciones con los del centro, mientras que el jugador recuperador debe iniciar su trabajo de presión en el nuevo espacio de juego.

VARIANTES

1. Los cuatro jugadores de un minicuadrado deben realizar un mínimo de 5 contactos con el balón, antes de poder realizar un pase al otro minicuadrado y realizar el inter-cambio de posiciones.

2. Idéntico planteamiento pero con dos recuperadores. No existe ninguna limitación del número de contactos con el balón y para recuperarlo debemos realizar dos toques seguidos con el balón. La actividad puede realizarse de forma individual o bien por parejas.

REPRESENTACIÓN GRÁFICA **007**

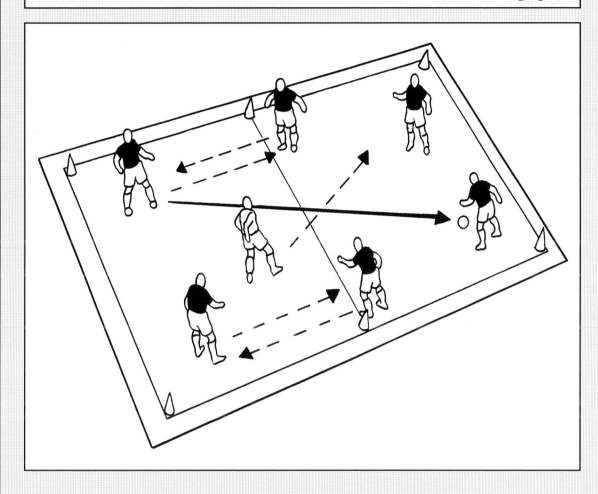

008

MEDIO: **SUPERIORIDAD NUMERICA CON BALÓN**

OBJETIVO: **Movilidad, circulación de balón.**

PERIODO DE APLICACIÓN
General - M. Acumulación

INTENSIDAD
Media

F. C. MEDIA
132 ± 7

ENTRENAMIENTO
3 series x 4' (1' micropausa)

DESCRIPCIÓN

Compiten (dentro de un espacio aproximado de 20x20 m.) dos equipos de 4 jugadores cada uno, con la posibilidad de buscar el equipo poseedor ventaja numérica (6x4) a través de los 2 comodines ofensivos (que tendrán siempre limitación de toques).

El equipo defensor podrá recuperar el balón a través de los automatismos propios del marcaje zonal.

VARIANTES

1. Juego de dos equipos de 3 jugadores, con la ayuda de un comodín ofensivo (que jugará evidentemente con el equipo que tenga el balón en su poder).

2. Juego en situación 1x1 con un jugador comodín que colaborará con el jugador que tenga la posesión del balón. Alternar el comodín después de cortos espacios de tiempo.

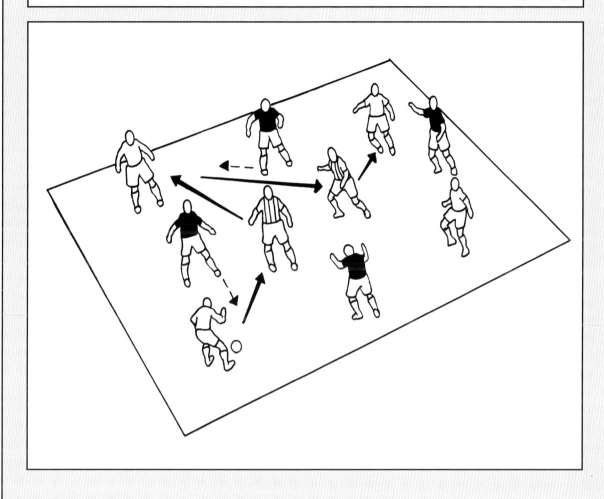

009

MEDIO: MOVILIDAD RECUPERADORES

OBJETIVO: Movilidad, circulación de balón.

PERIODO DE APLICACIÓN

General - M. Acumulación.

INTENSIDAD

Media.

F. C. MEDIA

132 ± 15

ENTRENAMIENTO

3 series x 5' (2' micropausa)

DESCRIPCIÓN

Juegan 16 jugadores, distribuidos en 8 parejas y en 3 cuadrados (aproximadamente de 12x12 m.); en 2 de ellos se juega un 4x2, en el otro esperan 4 jugadores (2 parejas).

Cuando una pareja pierde la posesión del balón, los 2 jugadores se desplazarán a la máxima velocidad al cuadrado desocupado por el equipo recuperador.

VARIANTES

1. Como variante podemos disminuir el número de jugadores, realizando situaciones de 3x1 en 3 cuadrados esperando 3 jugadores en otro cuadrado.

2. A la señal del entrenador todos los jugadores en posesión de balón pasarán a ser recuperadores en el cuadrado contiguo (sentido de rotación de las agujas de un reloj).

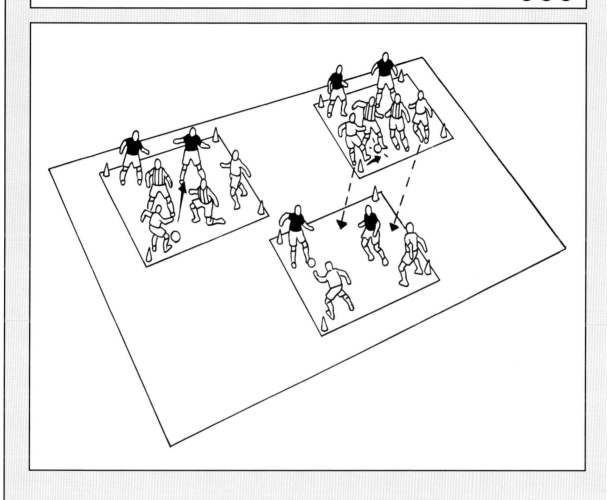

010

MEDIO: RONDOS SIMPLES

OBJETIVO: Movilidad, circulación de balón.

PERIODO DE APLICACIÓN

Toda la Temporada.

INTENSIDAD

Baja.

F. C. MEDIA
133 ± 6

ENTRENAMIENTO
1 serie x 10-15'
(fase inicial entrenamiento)

DESCRIPCIÓN

Rondos 4x1 en un espacio reducido de aproximadamente 10x10 m. Se juega con un sólo contacto con el balón, intentando realizar 10 toques entre todos los jugadores exteriores.

Cada ocasión que conseguimos realizar 10 toques, supone un robo más para el jugador que se encuentra en el interior del rondo.

VARIANTES

1. 4x1 con el porteo en el interior. El portero utiliza las manos y debe coger el balón para poder salir del interior del rondo.

2. 4x1 más un jugador pivote que se mueve por el interior del rondo. El pivote juega igualmente a un sólo toque.

3. 4x1 con cambios de posición de los jugadores exteriores. El jugador exterior debe desplazarse hasta la posición del compañero que recibe su pase.

4. 4x1 jugando los exteriores obligatoriamente con dos contactos con el balón.

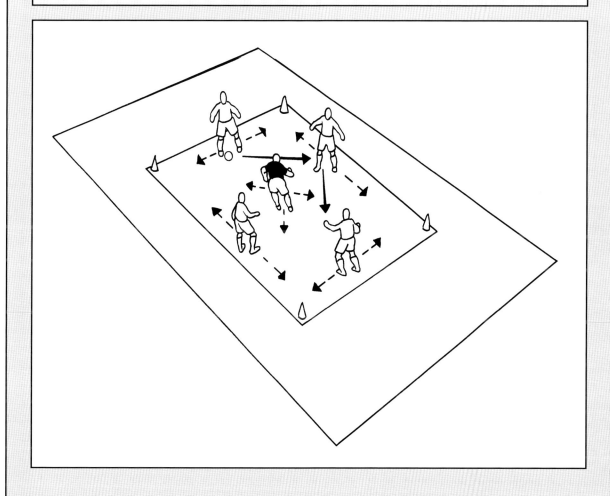

011

MEDIO: PIVOTES EN BANDA

OBJETIVO: Movilidad, circulación de balón.

PERIODO DE APLICACIÓN
General - M. Acumulación.

INTENSIDAD
Media.

F. C. MEDIA
133 ± 8

ENTRENAMIENTO
3 Series x 5' (3' micropausa)

DESCRIPCIÓN

En un espacio aproximado de 30x30 m. juegan en situación de 2x2 ó 3x3, con dos pivotes situados en ambas bandas que facilitan la circulación de balón, al favorecer la superioridad numérica del equipo poseedor del balón.

Los dos pivotes recorren las dos bandas ayudando siempre al equipo poseedor del balón y jugando obligatoriamente a un solo toque.

Después de un determinado periodo de tiempo, debemos intercambiar los pivotes.

VARIANTES

1. El equipo en posesión del balón debe circular el balón con criterio consiguiendo que llegue a ambos pivotes antes de acabar el ataque en la portería contraria.

2. Idéntica situación de juego, pero colocamos un tercer pivote en el interior del espacio de juego. El equipo poseedor del balón debe jugar obligatoriamente con el pivote interior y con uno de los dos pivotes exteriores.

3. El equipo poseedor del balón tiene limitación de contactos al trabajar en superioridad numérica. La limitación de contactos se inicia después de recuperar el balón y de jugar con uno de los comodines ofensivos.

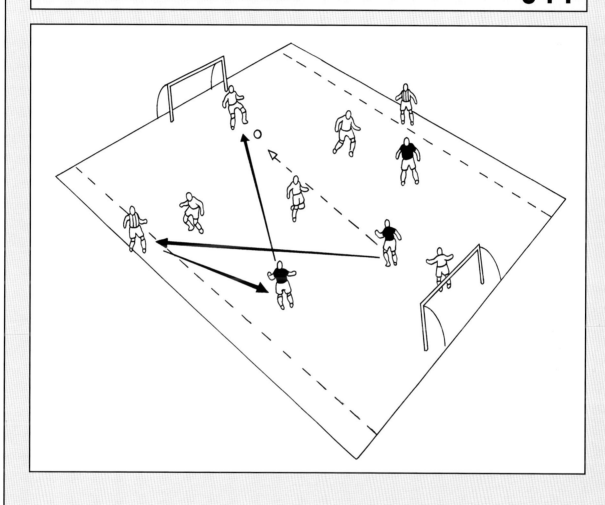

012

MEDIO: CAMBIO DE ESPACIO

OBJETIVO: Movilidad, circulación de balón.

PERIODO DE APLICACIÓN
General - M. Acumulación.

INTENSIDAD
Baja.

F. C. MEDIA
134 ± 17

ENTRENAMIENTO
2-3 series x 10' (3' micropausa)

DESCRIPCIÓN

Dos equipos de 4 jugadores tratan de mantener la posesión del balón a 2-3 toques. Se juega inicialmente en un espacio reducido(10x15 m.), progresando hacia un espacio más amplio (20x25 m.), con porteros.

El entrenador decide el periodo de tiempo que se debe jugar en cada uno de los espacios de juego.

El objetivo del juego es que los jugadores ocupen racionalmente el terreno de juego y que adapten la circulación del balón al espacio que disponen.

VARIANTES

1. Uno de los equipos únicamente puede utilizar el espacio reducido cuando posee el balón, mientras el otro equipo puede utilizar el espacio amplio. Intercambiar los espacios después de un determinado periodo de tiempo.

2. Realizamos un cambio de espacio de juego después de disponer cada equipo de una posesión de balón. Entendemos como un cambio en la posesión cuando el equipo recuperador realiza dos contactos seguidos con el balón.

REPRESENTACIÓN GRÁFICA 012

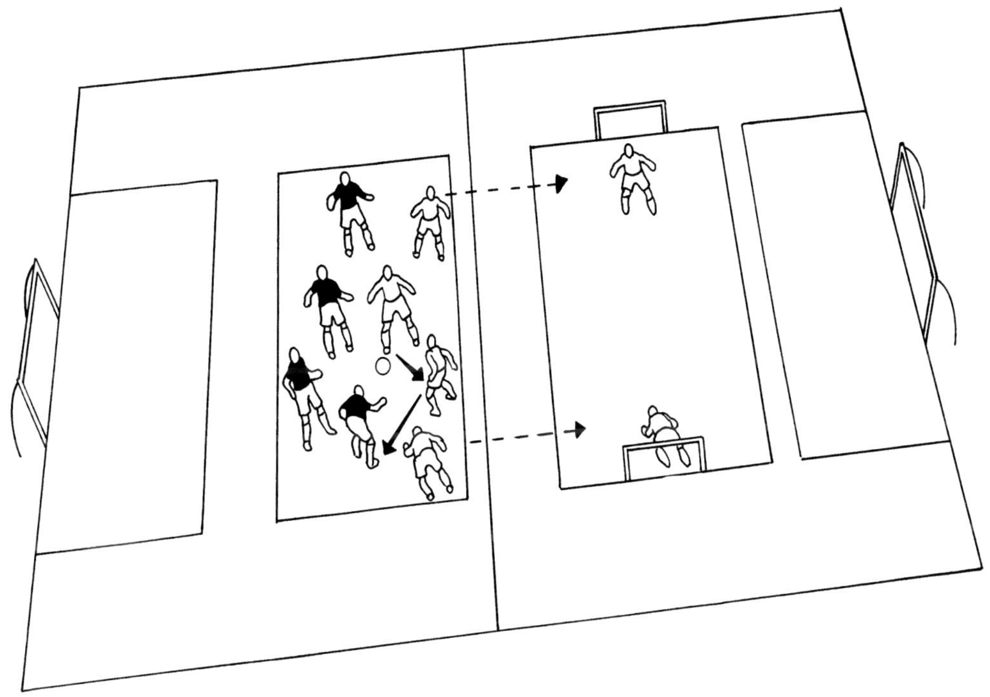

013

MEDIO: JUEGO DE LOS CENTROCAMPISTAS

OBJETIVO: Movilidad, circulación de balón.

PERIODO DE APLICACIÓN

General - M. Acumulación.

INTENSIDAD

Media.

F. C. MEDIA

134 ± 5

ENTRENAMIENTO

3 series x 5' (2' micropausa)

DESCRIPCIÓN

Juego en situación 4x3 en un espacio de juego rectangular de 30 m. (con dos líneas a 15 m. de la mitad de un campo reglamentario) por todo lo ancho del terreno de juego.

El juego intenta reproducir las situaciones de superioridad e inferioridad numérica que se pueden encontrar los centrocampistas en un partido. Partiendo de los dos sistemas más comunes de juego, un 4 - *4* - 2 y un 5 - *3* - 2, reproducimos la situación de 4x3 de ambas líneas de centrocampistas intentando marcar en las tres miniporterias que cada equipo posee en el límite de su propio campo.

VARIANTES

1. Situar cada equipo un punta detrás de cualquiera de las tres miniporterías del rival. Cada jugada la inicia un equipo desde una portería propia, de forma que si el equipo contrario consigue recuperar la posesión del balón habilitará a su jugador más avanzado para que penetre en el campo e intente facilitar la circulación del balón jugando de espaldas a las porterías contrarias.

014

MEDIO: CAMBIOS ORIENTACION 6x2

OBJETIVO: Movilidad, circulación de balón.

PERIODO DE APLICACIÓN

General - M. Acumulación.

INTENSIDAD

Media.

F. C. MEDIA

135 ± 5

ENTRENAMIENTO

2 series x 10' (3' micropausa)

DESCRIPCIÓN

En un espacio aproximado de 20x20 m, situamos 6 jugadores exteriores que intentarán mantener la posesión del balón contra 2 interiores, con la prohibición de no realizar más de dos pases en corto sin alternar con un cambio de orientación (se considera un cambio de orientación pasar a algún compañero que no esté a nuestro lado), fomentando con ello un ritmo rápido en la circulación del balón.

VARIANTES

1. Idéntica situación de juego, pero en lugar de trabajar de forma individual, trabajamos por parejas, de forma que al perder tres posesiones entre los dos miembros de una pareja, pasarán a actuar como pareja recuperadora.

2. Idéntica situación de juego pero con la prohibición de jugar entre los miembros de una misma pareja.

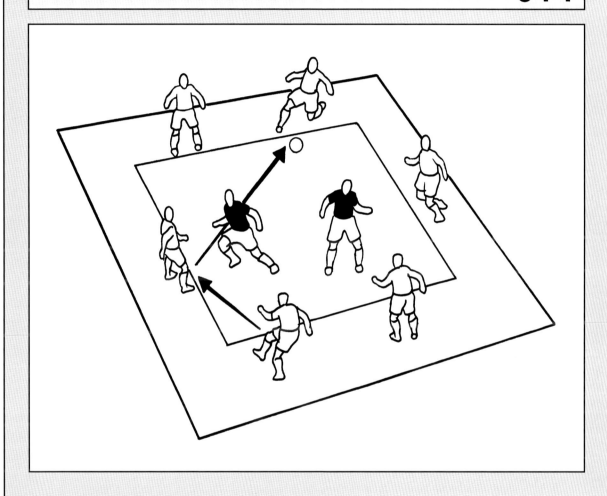

015

MEDIO: CIRCULACION CON MOVILIDAD INTERIOR

OBJETIVO: Movilidad, circulación de balón.

PERIODO DE APLICACIÓN

General - M. Acumulación.

INTENSIDAD

Media.

F. C. MEDIA

137 ± 10

ENTRENAMIENTO

2-3 series x 8-10'
(3' micropausa)

DESCRIPCIÓN

Juego 7x3 en un espacio aproximado de 30x30, con un cuadrado interior de 12x12 marcado con cuatro conos.

El equipo en posesión debe disponer cuatro jugadores fijos en los vértices exteriores y tres jugadores móviles en los conos interiores que continuamente deben ir ocupando el cono que quede libre.

El juego permite una circulación fluida del balón, con tres pivotes interiores que siempre tienen que moverse en función de la situación del balón y del espacio que queda libre.

VARIANTES

1. Idéntico planteamiento del juego pero en situación de 6x2. En el centro del espacio marcamos un triángulo y dos pivotes deben ir ocupando siempre el cono que quede libre dando apoyos a los jugadores fijos exteriores.

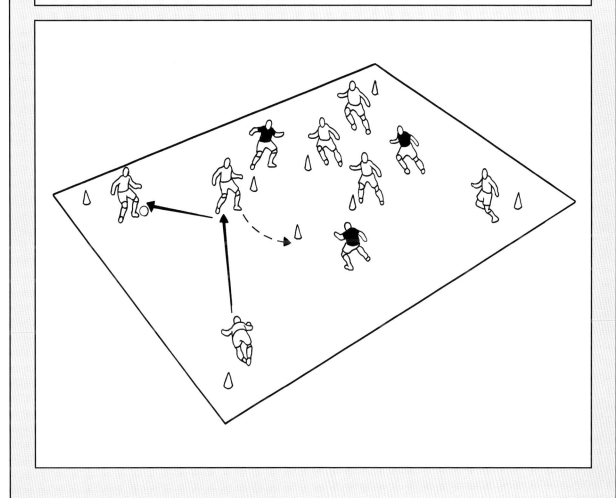

016

MEDIO: ROMBO FIJO

OBJETIVO: Movilidad, circulación de balón.

PERIODO DE APLICACIÓN

Dirigido - M. Transformación.

INTENSIDAD

Media.

F. C. MEDIA

137 ± 11

ENTRENAMIENTO

2 series x 10' (3' micropausa)

DESCRIPCIÓN

Partido 7x7 más dos porteros, en un espacio reducido de aproximadamente 40x40. Cada equipo mantiene cuatro jugadores fijos formando un rombo perfecto (libre, dos laterales y un delantero centro) y tres jugadores pivotes, con continua movilidad.

El objetivo del juego es mantener un bloque compacto, con buena circulación de balón (al disponer de 3 jugadores que continuamente dan salidas al poseedor) y especialmente destacar la importancia de disponer buenas referencias en la circulación del balón.

Cada cierto periodo de tiempo intercambiamos las posiciones de los jugadores, para que puedan interpretar la diferencia entre el juego posicional y la movilidad continua.

VARIANTES

1. Con idéntico planteamiento del juego, situamos cinco jugadores con continua movilidad y dos pivotes fijos, uno defensivo y otro ofensivo. Estos dos últimos jugadores, situados de forma central, mantienen la posición y son la referencia en toda la circulación del balón.

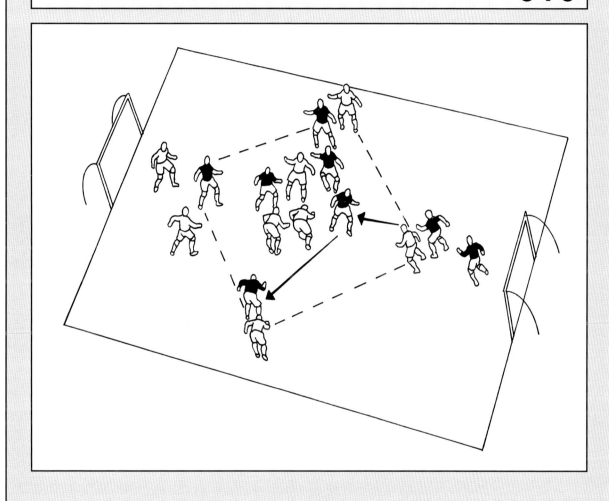

017

MEDIO: RONDOS POR PAREJAS

OBJETIVO: Movilidad, circulación de balón.

PERIODO DE APLICACIÓN

General - M. Acumulación.

INTENSIDAD

Media.

F. C. MEDIA

138 ± 7

ENTRENAMIENTO

2 series x 10' (3' micropausa)

DESCRIPCIÓN

6 jugadores tratarán de mantener la posesión del balón contra dos adversarios que actúan de recuperadores.

Trabajamos por parejas, de forma que al perder la posesión uno de los miembros de la pareja, los dos componentes de la misma pasarán a recuperar el balón. Para evitar el cambio continuo de jugadores recuperadores podemos incluir un número mínimo de pérdidas de la pareja (3) antes de situarse como recuperadores.

VARIANTES

1. Misma situación de juego, pero con la limitación de que los jugadores en posesión del balón no pueden jugar con su compañero de pareja. Esta variante facilita que el jugador con balón levante la cabeza y seleccione continuamente las opciones de pase que posee.

2. Dentro del espacio de juego, cada una de las parejas poseedora del balón situará un jugador en el exterior y otro en el interior con mayor movilidad para facilitar la circulación del balón. Cada ocasión que cambiamos la pareja recuperadora, los jugadores de las parejas en posesión del balón cambiarán sus posiciones.

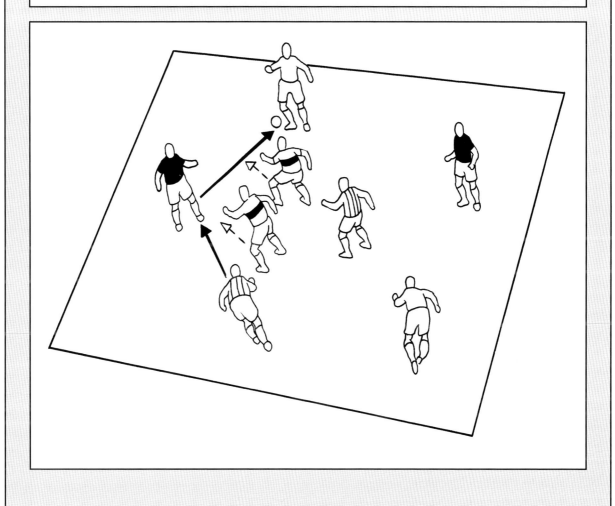

018

MEDIO: SALIR AL ERROR

OBJETIVO: Movilidad, circulación de balón.

PERIODO DE APLICACIÓN

Dirigido - M. Transformación.

INTENSIDAD

Media.

F. C. MEDIA
138 ± 8

ENTRENAMIENTO
3 series x 10' (2' micropausa)

DESCRIPCIÓN

Juego libre en situación 5x5 (más dos porteros) en un espacio aproximado de 40x40.

Si el balón sale por una de las líneas del campo, el último jugador que lo haya tocado, debe situarse sobre la línea por donde salió el balón, actuando de pivote, hasta que salga otro balón y le sustituyan, bien sea de su propio equipo o del contrario.

VARIANTES

1. Cada jugador que comete un error o una pérdida de balón, se sitúa en el exterior del espacio de juego actuando de apoyo externo. Todos los jugadores se mantienen en posiciones externas hasta que todos los jugadores de un equipo hayan realizado un error.

2. El jugador que cometa un error, queda exento del juego ofensivo, pero no del defensivo. Para poder diferenciarse, deberá llevar un peto de color diferente en la mano. El juego continuará hasta que un equipo quede limitado en ataque a un solo jugador.

019

MEDIO: RONDOS AMPLIOS

OBJETIVO: Movilidad, circulación de balón.

PERIODO DE APLICACIÓN

Toda la Temporada.

INTENSIDAD

Media.

F. C. MEDIA

139 ± 7

ENTRENAMIENTO

3 Series x 10 Minutos
(5' micropausa)

DESCRIPCIÓN

Juego en un espacio aproximado de 50x50, en situación favorable para la posesión del balón (9x3, 10x4,..).

Los jugadores en posesión del balón juegan con un solo contacto con el balón mientras mantienen un ritmo continuo de carrera. Los recuperadores cambian su situación siempre que intercepten el balón o encuentren algún jugador poseedor en situación estática.

Con esta normativa conseguiremos que los jugadores en posesión del balón tengan continuamente una actitud dinámica.

VARIANTES

1. Idéntica situación de juego, pero realizada andando (ideal para la parte final de una sesión de entrenamiento).

2. Limitación del número de contactos con el balón (uno o dos).

3. Obligar a los jugadores poseedores del balón a cambiar de zona de juego y por tanto, realizar una circulación del balón condicionada por la nueva zona a atacar.

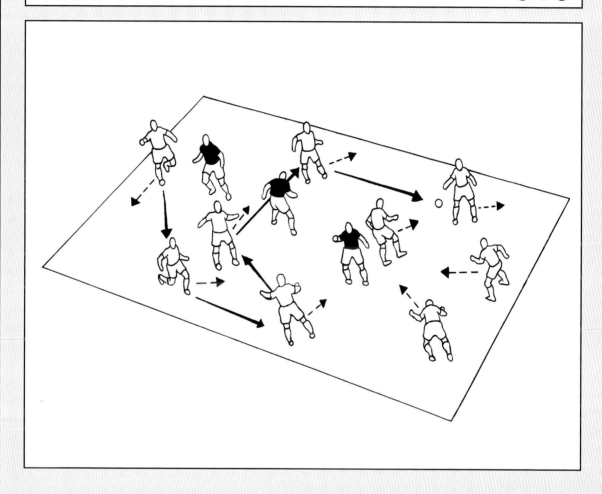

020

MEDIO: INICIO DETRÁS LÍNEA DEFENSIVA

OBJETIVO: Movilidad, circulación de balón.

PERIODO DE APLICACIÓN

Dirigido - M. Transformación.

INTENSIDAD

Media.

F. C. MEDIA
139 ± 6

ENTRENAMIENTO
3 series x 5' (3' micropausa con correcciones)

DESCRIPCIÓN

Juego en situación 5x4 en un espacio aproximado de 30x40 m. El equipo en superioridad dispone de una portería con portero y realiza un trabajo específico de circulación y salida del balón desde la línea defensiva.

Con este objetivo, el entrenador inicia siempre el juego enviando el balón detrás de la línea defensiva del equipo en superioridad, él cual debe circular apoyándose si es preciso en el propio portero para conseguir romper la presión del equipo en inferioridad.

Además de contrarrestar la presión del rival, deben intentar conseguir gol en las dos porterias contrarías, siempre circulando el balón raso.

Esta situación de juego es ideal para trabajar la circulación inicial del balón incluso en situaciones límite de presión de los puntas estando los defensas con el balón controlado y de espaldas a la portería contraria.

VARIANTES

1. En situación de igualdad numérica 5x5, situamos dos porterias con portero, y realizan el trabajo de forma simultánea los dos equipos. En este caso, son los dos porteros los que realizan un pase con la mano a la espalda de la defensa contraria.
   Debemos marcar un espacio central, en el cual deben estar situados los dos equipos antes de realizar el pase a la espalda de uno de ellos.

2. En lugar de trabajar con la linea defensiva, podemos montar la estructura específica del equipo en el centro del campo (situación 3x3 o 4x4) y realizar el mismo trabajo de circulación y salida de balón ante la presión del rival.

021

MEDIO: APOYOS EXTERIORES

OBJETIVO: Movilidad, circulación de balón.

PERIODO DE APLICACIÓN

Dirigido - M. Transformación.

INTENSIDAD

Media.

F. C. MEDIA

139 ± 4

ENTRENAMIENTO

4 series x 5' (1' micropausa)

DESCRIPCIÓN

En un espacio aproximado de 20x20 m., trabajaremos en una situación interna de 2x2, consiguiendo el equipo poseedor ventaja numérica a través de los cuatro apoyos exteriores.

Después de un periodo de tiempo concreto, los jugadores exteriores intercambian las posiciones con los interiores.

VARIANTES

1. Los jugadores interiores deben jugar con un sólo contacto con el balón cuando juegan entre ellos. Cuando reciben de un jugador exterior pueden realizar dos contactos.

2. Los jugadores interiores intentan conseguir que toquen el balón los cuatro exteriores sin que la otra pareja interior consiga la posesión del balón.

3. El entrenador cronometra la posesión del balón por parte de ambas parejas interiores, con el objetivo de determinar que pareja ha conseguido una circulación más fluida y continua.

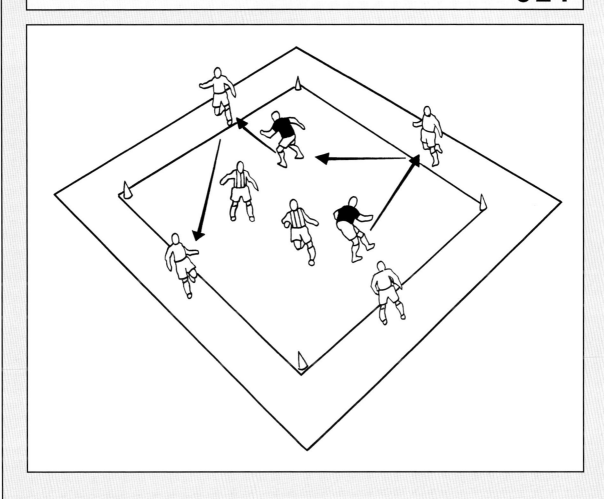

022

MEDIO: RONDO CON SISTEMA

OBJETIVO: Movilidad, circulación de balón.

PERIODO DE APLICACIÓN
Específico - M. Realización.

INTENSIDAD
Media-Alta.

F. C. MEDIA
140 ± 11

ENTRENAMIENTO
2 series x 10-15'
(3'-5' micropausa)

DESCRIPCIÓN

Jugamos en situación 10x5 más dos porteros, en un terreno de juego reglamentario limitado por dos líneas horizontales situadas a 25-20 m. de cada portería.

Los 10 jugadores en posesión del balón deben situarse con el sistema de juego propio de cada equipo y con dos o tres jugadores que actúan de pivotes en el centro del campo y que facilitan la circulación del balón. Cada vez que el equipo poseedor realiza 10 toques seguidos, puede acabar en la portería más cercana.

Cada vez que un jugador de forma individual comete dos errores pasa a formar parte del equipo recuperador. Si conseguimos marcar un gol, los errores individuales quedan anulados.

VARIANTES

1. Juego sin porterías y con el único objetivo de conseguir llegar a los 10 contactos con el balón.

2. Jugamos 3 equipos de 5 jugadores (con petos de tres colores diferentes) más dos porteros. Cuando un equipo realiza 3 pérdidas, los cinco jugadores pasan a actuar de equipo recuperador.

3. Dentro del espacio de juego marcamos un cuadrado grande interior. Dentro del cuadrado se realiza un solo toque y fuera de él a dos toques.

023

MEDIO: APOYOS LATERALES PORTERÍA

OBJETIVO: Movilidad, circulación de balón.

PERIODO DE APLICACIÓN

Dirigido - M. Transformación.

INTENSIDAD

Media-Alta.

F. C. MEDIA

141 ± 6

ENTRENAMIENTO

3-4 series x 5' (2' micropausa)

DESCRIPCIÓN

Juego de circulación de balón en situación de 2x2, 3x3 más dos porteros, en un espacio aproximado de 20x20 metros.

El objetivo consiste en circular el balón hasta conseguir realizar una pared con alguno de los apoyos ubicados en los laterales de la portería del equipo rival, para posteriormente poder finalizar el ataque en la misma portería.

Los jugadores que actúan de apoyo deben moverse por toda la línea de fondo y, después de un determinado periodo de tiempo, deben intercambiar las posiciones con los jugadores situados en el interior del espacio de juego.

VARIANTES

1. La circulación, pared y posterior finalización, se deben realizar de forma rasa, para aumentar la exigencia en la circulación del balón.

2. Con el objetivo de aumentar la movilidad de todo el equipo en posesión del balón, el apoyo situado en el lateral de la portería debe devolver el pase a un jugador diferente al que le ha realizado el pase previo.

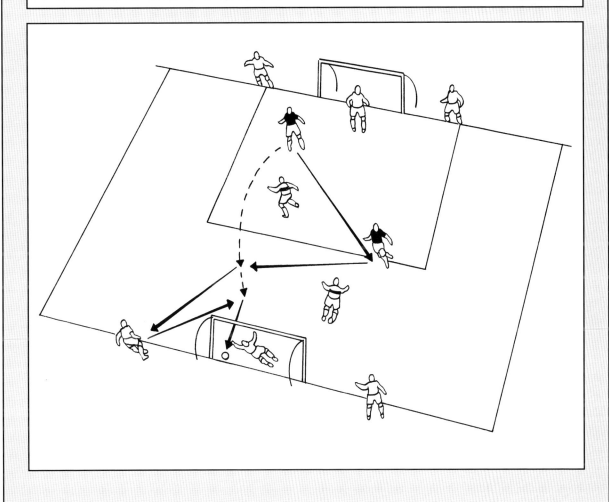

024

MEDIO: DISCRIMINAR SECUENCIAS DE PASE

OBJETIVO: Movilidad, circulación de balón.

PERIODO DE APLICACIÓN

Dirigido - M. Transformación.

INTENSIDAD

Media-Alta.

F. C. MEDIA

142 ± 6

ENTRENAMIENTO

2 series x 10' (2' micropausa)

DESCRIPCIÓN

Juego en un espacio aproximado de 15x15m., con 4 jugadores exteriores, un pivote interior y dos jugadores recuperadores.

Los jugadores en posesión del balón deben alternar 1 y 2 toques (control orientado y pase) de forma continuada, es decir, si el balón procede de un compañero que ha jugado a un toque, el jugador que recibe ese balón debe jugar a dos toques de forma obligada.

El objetivo es fomentar la concentración en el juego, al tener que estar atento al número de contactos que dio el compañero que nos pasó el balón, y al mismo tiempo alternar ritmo de juego en el movimiento del balón.

VARIANTES

Idéntico planteamiento pero modificamos la secuencia de pase:

1. Secuencia: juego un toque, juego libre.

2. Secuencia: un toque, un toque, libre, libre.

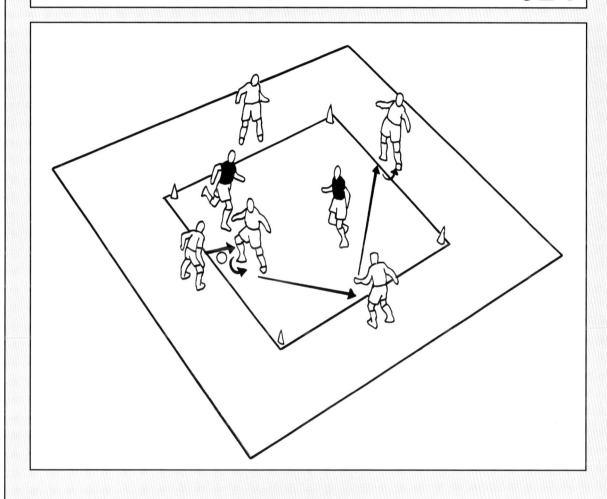

025

MEDIO: ASEGURAR POSESION

OBJETIVO: Movilidad, circulación de balón.

PERIODO DE APLICACIÓN

Dirigido - M. Transformación.

INTENSIDAD

Media-Alta.

F. C. MEDIA

142 ± 5

ENTRENAMIENTO

3 series x 5' (3' micropausa)

DESCRIPCIÓN

Juego dos equipos de 5 jugadores más portero en un terreno de juego aproximadamante de 20x40 m., con un espacio central marcado.

Dentro del espacio central se juega en situación de 3x3, con dos compañeros situados en la proximidad de la propia portería que únicamente facilitan la salida del balón.

El juego pretende que el equipo en posesión del balón supere la oposición de los 3 jugadores contrarios ayudándose con los 2 compañeros situados en campo propio y que aseguran la posesión del balón.

Los dos jugadores situados en el exterior del espacio central no pueden actuar de forma defensiva evitando los ataques del rival.

VARIANTES

1. Buscar continuamente superioridad numérica 4x3 y 5x3. Los jugadores exteriores al realizar una pared con los interiores, pueden entrar en el espacio central favoreciendo la circulación y la culminación del ataque.

   Al perder la posesión del balón, los exteriores deben volver al espacio inicial cercano a la propia portería.

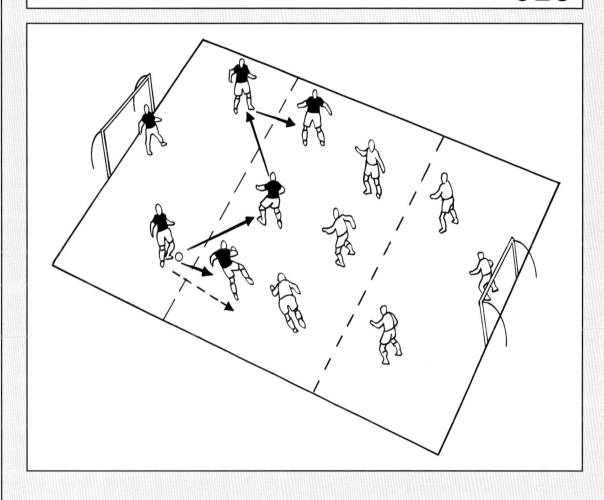

026

MEDIO: CRUZAR Y CAMBIAR

OBJETIVO: Movilidad, circulación de balón.

PERIODO DE APLICACIÓN
Específico - M. Realización.

INTENSIDAD
Media-Alta.

F. C. MEDIA
142 ± 9

ENTRENAMIENTO
2 series x 10' (3' micropausa)

DESCRIPCIÓN

Juego 7x7 (y porteros) en un espacio aproximado de 60x40 dividido en cuatro zonas similares.

El objetivo es progresar y finalizar el ataque por la banda contraria a la utilizada para llegar hasta el centro del campo.

El equipo en posesión deberá realizar una buena circulación de balón que le permita realizar continuos cambios de orientación en función de la situación del balón.

VARIANTES

1. Con idéntico planteamiento de juego, pero con una limitación a nivel de contactos de balón. El equipo en posesión del balón no puede dar más de 2 pases seguidos en el interior de una misma zona. Se juega a número de toques libres o limitándolos a 2 contactos con el balón.

027

MEDIO: PIVOTES ORGANIZADORES

OBJETIVO: Movilidad, circulación de balón.

PERIODO DE APLICACIÓN

Dirigido - M. Transformación.

INTENSIDAD

Media-Alta.

F. C. MEDIA
143 ± 7

ENTRENAMIENTO
2-3 series x 10' (3' micropausa)

DESCRIPCIÓN

Compiten dos equipos entre sí de 4 jugadores, en un espacio aproximado de 20x15 m., desarrollando una situación normal de partido.

Ambos equipos pueden obtener ventaja numérica a través del apoyo del pivote que trabaja únicamente con el equipo poseedor del balón.

Este pivote suele ser el organizador de juego del equipo, de forma que realiza continuamente un entrenamiento específico de movilidad y apoyo a la salida del balón.

VARIANTES

1. Jugar obligatoriamente con el pivote organizador antes de cruzar la línea media del espacio de juego.

2. Limitación a un solo toque del equipo en posesión del balón (equipo en superioridad numérica). Únicamente el pivote tiene libertad de contactos con el balón.

3. Limitación de un contacto al pivote organizador con el objetivo de entrenar el juego fácil y rápido.

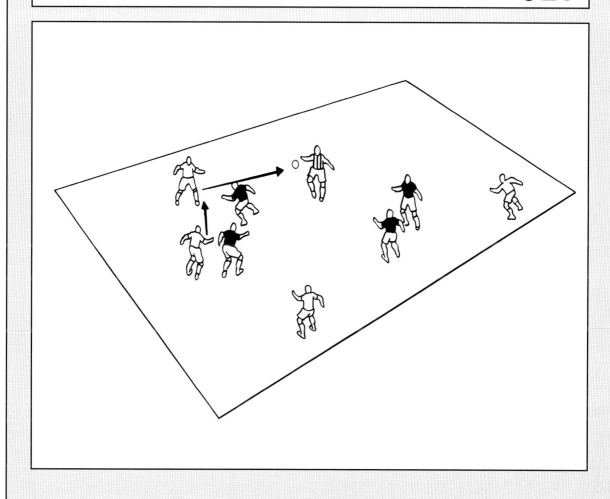

028

MEDIO: PASE DIRECTO O CAMBIO ORIENTACION

OBJETIVO: Movilidad, circulación de balón.

PERIODO DE APLICACIÓN

Dirigido - M. Transformación.

INTENSIDAD

Media-Alta.

F. C. MEDIA

143 ± 5

ENTRENAMIENTO

3 series x 10' (3' micropausa)

DESCRIPCIÓN

En un espacio aproximado de 25x50, juegan 4x4 más dos exteriores por equipo que ocupan posiciones antagónicas.

Se realiza juego libre en el interior con la posibilidad de apoyarse en los dos exteriores que tiene cada equipo.

Si el jugador exterior realiza un sólo contacto con el balón, el juego continua de forma libre; si juega a dos toques, es obligatorio realizar un cambio de orientación.

Cada vez que recibe el balón el exterior, entra dentro y otro ocupa su posición.

VARIANTES

1. El exterior juega siempre a un toque, siendo obligatorio el cambio de orientación después de realizar una pared con un jugador interior.

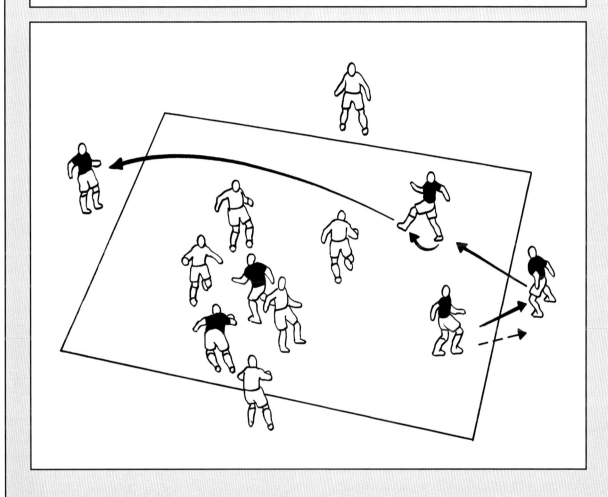

029

MEDIO: CUATRO PIVOTES

OBJETIVO: Movilidad, circulación de balón.

PERIODO DE APLICACIÓN
Dirigido - M. Transformación.

INTENSIDAD
Media-Alta.

F. C. MEDIA
143 ± 8

ENTRENAMIENTO
4 series x 4' (micropausa de 2')

DESCRIPCIÓN

Juego 4x4 con dos porterias, con cuatro pivotes por equipo situados en el exterior del campo (dos en los laterales y dos detrás de las dos lineas de fondo).

Los jugadores interiores disponen de un máximo de tres contactos mientras que los exteriores juegan a un sólo toque.

El gol és válido cuando en una misma jugada conseguimos que el balón llegue hasta dos jugadores exteriores del mismo equipo.

Después de cada serie de entrenamiento, intercambiamos los roles entre interiores y exteriores.

VARIANTES

1. Gol válido cuando al buscar un exterior, éste juega directamente con otro de los jugadores exteriores del mismo equipo, para posteriormente introducir el balón a un jugador interior.

2. Juego 4x4 más un tercer equipo de cuatro jugadores que actúa de pivotes exteriores con el equipo en posesión del balón. Después de cada serie intercambiamos los roles de los equipos.

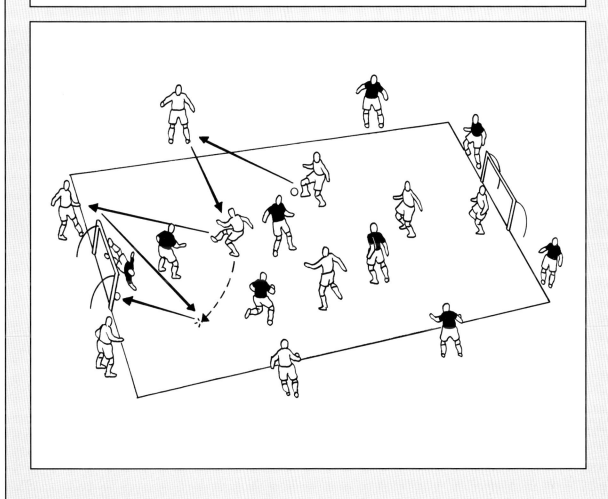

030

MEDIO: CAMBIO DE POSICIONAMIENTO

OBJETIVO: Movilidad, circulación de balón.

PERIODO DE APLICACIÓN

Dirigido - M. Transformación.

INTENSIDAD

Media-Alta.

F. C. MEDIA

144 ± 5

ENTRENAMIENTO

2-3 series x 8-10'
(2-3' micropausa)

DESCRIPCIÓN

En un espacio aproximado de 40x15 m. separamos tres espacios de juego similares.

En un extremo del espacio jugamos en situación 4x2 mientras en el otro extremo mantenemos dos jugadores.

Los jugadores en posesión del balón, después de realizar un número mínimo de pases (5), deben buscar a un compañero del espacio opuesto, que debe penetrar en el espacio medio, recibir y devolver al primer toque para que un poseedor realice un pase final al espacio opuesto al que se desarrollaba el rondo.

Con la mayor rapidez posible dos poseedores y los dos recuperadores pasarán al campo opuesto, para volver a posicionarse en un cuadrado perfecto y volver a montar la situación de 4x2.

VARIANTES

1. Podemos aumentar el número de jugadores, manteniendo la proporción de poseedores y recuperadores:
   Situación 6x3+3 jugadores en el espacio opuesto y   situación 8x4+4.
   Al aumentar el número de jugadores, consideramos una recuperación cuando el recuperador realiza dos contactos seguidos con el balón.
2. Idéntico planteamiento de juego, pero formando tres equipos de 4 jugadores. En un extremo jugamos 4x2 y en el otro extremo mantenemos igualmente 4x2 pero sin balón. El objetivo es mediante los mismos movimientos del ejercicio inicial, pasar el balón al otro extremo, pero sin cambiar los jugadores de espacio de juego. Los recuperadores siempre trabajan por parejas preestablecidas.

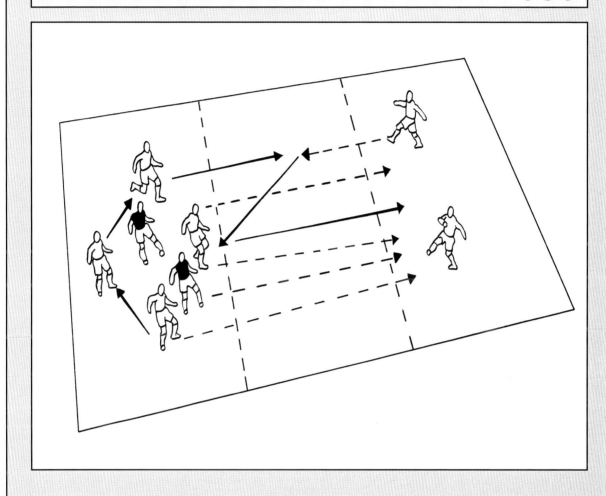

031

MEDIO: CRONOMETRAR POSESION

OBJETIVO: Movilidad, circulación de balón.

PERIODO DE APLICACIÓN

Dirigido - M. Transformación.

INTENSIDAD

Media-Alta.

F. C. MEDIA
146 ± 12

ENTRENAMIENTO
3 series x 8' (3' micropausa)

DESCRIPCIÓN

Dentro de un cuadrado (variable en dimensiones dependiendo del número de jugadores por equipo), compiten 2 equipos por recuperar o conservar el balón, pudiendo el equipo poseedor apoyarse en cualquiera de los compañeros ubicados en cada uno de los laterales del espacio de juego.

El entrenador con dos crónometros contabilizará el tiempo de posesión de cada uno de los dos equipos con el objetivo de establecer una competencia entre ellos.

Los jugadores interiores juegan libre de toques, mientras que los exteriores juegan a un solo toque.

Cada determinado tiempo intercambiaremos los jugadores interiores con los exteriores.

VARIANTES

1. Los jugadores interiores juegan a un solo toque, mientras que los exteriores juegan a dos toques.

2. Una variante muy interesante para favorecer la movilidad, velocidad en el juego, .., sería que cada vez que el jugador interior envíe el balón al exterior, intercambiasen sus posiciones.

032

MEDIO: CIRCULACION EN ORDEN

OBJETIVO: Movilidad, circulación de balón.

PERIODO DE APLICACIÓN
Dirigido - M. Transformación.

INTENSIDAD
Media-Alta

F. C. MEDIA
147 ± 7

ENTRENAMIENTO
3 series x 3' (3' micropausa)

DESCRIPCIÓN

En un espacio aproximado de 25x25, dividido en cuatro espacios iguales, juegan dos equipos de 4 jugadores.

En cada uno de los espacios de juego buscamos situaciones de 1x1, intentando conseguir una circulación continua, de forma que puedan llegar a tocar todos los jugadores de un mismo equipo.

El objetivo del juego es el trabajo de desmarque continuo para conseguir tocar en orden los cuatro jugadores y de esta forma anotar un punto dentro de la competencia que realizan los dos equipos.

VARIANTES

1. Incluir un pivote, que juega con el equipo en posesión del balón, y facilita la circulación al buscar continuamente situaciones de 2x1.

2. El jugador que realiza el pase al siguiente compañero, puede ocupar igualmente su espacio de juego favoreciendo la circulación al conseguir continuamente situaciones de 2x1. Al mismo tiempo favorecemos la movilidad de los jugadores, que deben primero desmarcarse, después pasar el balón y posteriormente apoyar al compañero que ha recibido nuestro pase.

3. Manteniendo las mismas posiciones, realizamos un partido 4x4. Los jugadores del equipo en posesión del balón, pueden cambiar de zonas disponiendo como máximo de dos jugadores en la misma zona.

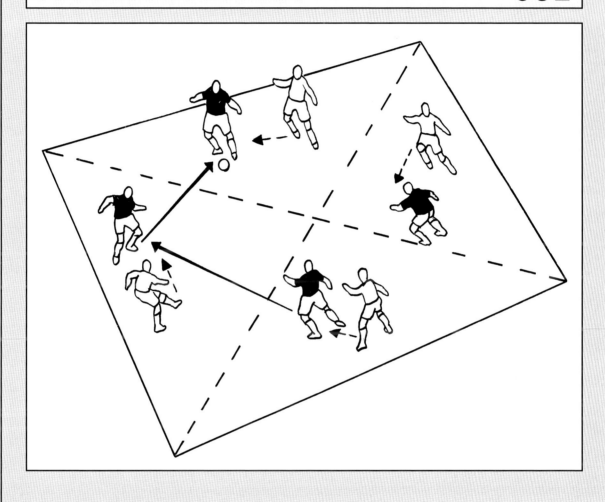

033

MEDIO: RONDO AMPLIO CON CAMBIO ZONA

OBJETIVO: Movilidad, circulación de balón.

PERIODO DE APLICACIÓN

General - M. Acumulación.

INTENSIDAD

Media-Alta.

F. C. MEDIA

148 ± 9

ENTRENAMIENTO

2-3 series x 15-20'
(5' micropausa)

DESCRIPCIÓN

Juego en un campo reglamentario marcado por líneas horizontales.

Jugamos en situación 10x5, con el equipo poseedor jugando a un sólo contacto y con el equipo recuperador intentando realizar dos contactos seguidos para contabilizar una recuperación.

El entrenador debe decidir constantemente el espacio donde se debe realizar el juego, provocando que el equipo poseedor mueva todo el equipo y el balón hacia nuevos espacios.

La actividad se puede realizar de forma individual, por parejas o por equipos de 5 jugadores, entrando a pasar a actuar de recuperadores después de 2,3 ó 4 pérdidas respectivamente.

VARIANTES

1. El equipo poseedor debe jugar de forma obligatoria realizando dos contactos con el balón. De esta forma , todo el equipo se familiariza con el triple concepto "control+pase+apoyo y movilidad".

2. Idéntico planteamiento de la actividad, pero el equipo en posesión debe mantener el sistema de juego propio del equipo. El cambio de los recuperadores se producirá siempre en función del puesto específico que cometa dos errores, de forma que si un defensa comete dichos errores, será uno de los recuperadores que actúe en una posición defensiva el que pase a actuar de poseedor.

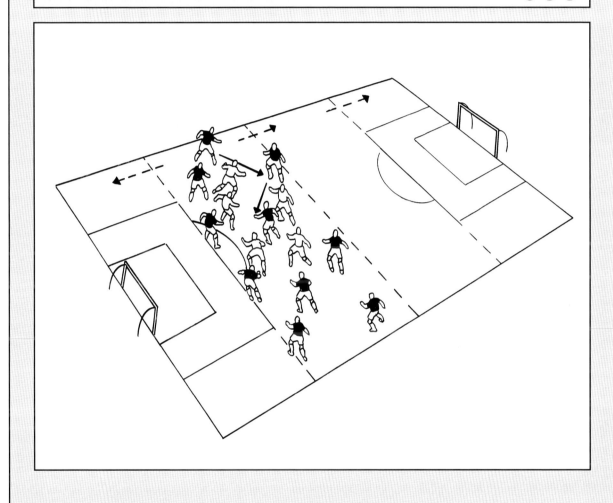

034

MEDIO: TOQUES SEGUN VENTAJA

OBJETIVO: Movilidad, circulación de balón.

PERIODO DE APLICACIÓN
Específico - M. Realización.

INTENSIDAD
Media-Alta.

F. C. MEDIA
149 ± 6

ENTRENAMIENTO
2 series x 10' (3' micropausa)

DESCRIPCIÓN

Juego 8x8 con dos porterías en un espacio aproximado de 80x40.

Los dos equipos juegan a tres toques siempre que el marcador esté igualado.

El equipo que tenga ventaja de un gol en el marcador, deberá jugar con un máximo de dos contactos con el balón; si gana de dos o más goles tendrá que jugar únicamente a un solo contacto.

El equipo que está perdiendo puede realizar un máximo de tres contactos con el balón.

VARIANTES

1. El equipo que está perdiendo, no tiene ninguna limitación de contactos con el balón.

2. Los goles conseguidos jugando a un solo toque tienen un valor doble.

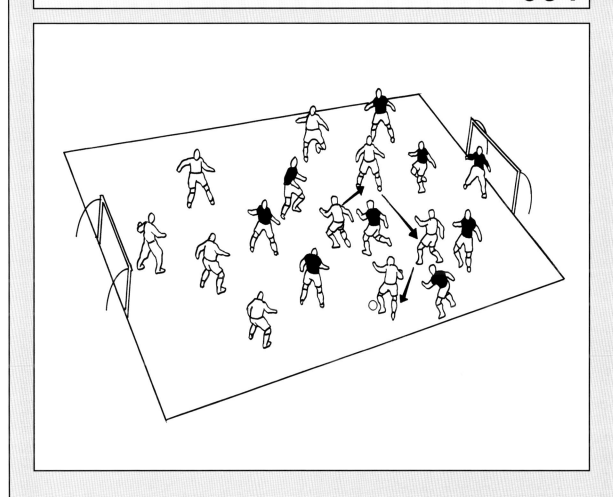

035

MEDIO: RONDO CON SISTEMA

OBJETIVO: Movilidad, circulación de balón.

PERIODO DE APLICACIÓN

Específico - M. Realización.

F. C. MEDIA
151 ± 7

INTENSIDAD

Media-Alta.

ENTRENAMIENTO

2 series x 15' (5' micropausa)

DESCRIPCIÓN

Juego 10x4 en un espacio aproximado de 40x80, en el cual disponemos tres lineas horizontales que marcarán tres zonas diferentes de juego.

El equipo poseedor del balón debe situarse con el sistema táctico que queremos entrenar y jugar con un sólo contacto con el balón.

Cuando el equipo poseedor realiza cuatro pérdidas se produce el cambio de jugadores recuperadores.

El entrenador debe comentar la zona en la cual tiene que realizarse el juego, con el objetivo de que el equipo poseedor mueva el balón con criterio, adelantando o retrasando toda la posición del equipo.

VARIANTES

1. Los jugadores en posesión del balón, cada vez que realizan un pase deben cambiar las posiciones con el jugador que recibe el balón.

2. Idéntico planteamiento, pero en lugar de situar líneas horizontales, situamos líneas verticales que permitan que el equipo mueva el balón con criterio de izquierda a derecha.

3. El equipo poseedor nunca podrá devolver el pase al mismo jugador del cual lo acaba de recibir y se le pondrá limitación de toques (1 para el pivote central, 2 para los exteriores, etc.). Estaremos atentos al apoyo interior para mejorar las líneas de pase, juego de espaldas.

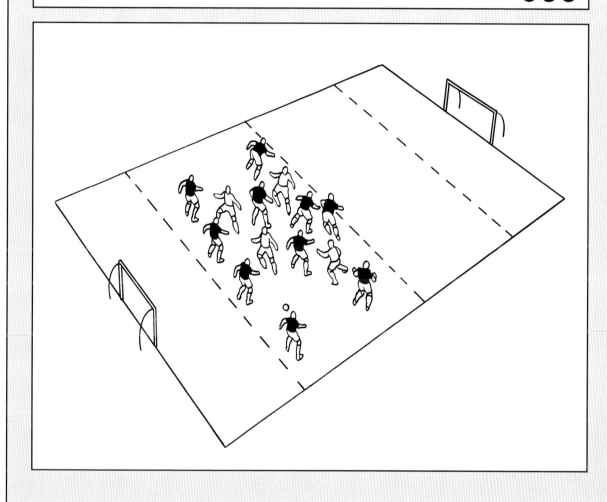

036

MEDIO: SUPERIORIDAD ZONA INICIACIÓN

OBJETIVO: Movilidad, circulación de balón.

PERIODO DE APLICACIÓN
Específico - M. Realización.

INTENSIDAD
Alta.

F. C. MEDIA
157 ± 7

ENTRENAMIENTO
3 Series x 10' (3' micropausa)

DESCRIPCIÓN

Dos equipos de 6 jugadores (+ porteros), juegan en un espacio aproximado de 40x20. Ambos equipos distribuyen 3 jugadores en cada una de las dos mitades del campo.

El objetivo es buscar superioridad numérica en zona de iniciación con el apoyo de un jugador de la zona ofensiva.

Posteriormente buscarla también en zona de finalización con la incorporación del jugador de la línea defensiva que realiza el pase de ataque.

VARIANTES

1. Situamos tres jugadores en zona de iniciación (zona defensiva) y dos en zona de finalización (zona de ataque).   3+2 contra 2+3

2. Situación 2+2 contra 2+2.

3. Posibilidad de realizar dos apoyos (tanto en zona de iniciación, como en zona de finalización).

037

MEDIO: 1x1 CON APOYOS

OBJETIVO: Movilidad, circulación de balón.

PERIODO DE APLICACIÓN

Específico - M. Realización.

INTENSIDAD

Alta.

F. C. MEDIA
157 ± 5

ENTRENAMIENTO
3 series x 2'
(recuperación activa exterior)

DESCRIPCIÓN

Trabajamos en una situación interior de posesión-recuperación, 1x1, pudiendo apoyarse en los dos jugadores exteriores que tiene cada jugador.

Los exteriores se localizan en la mitad de campo contrario, en permanente movimiento para facilitar los apoyos al jugador con balón.

Obligamos a los jugadores a levantar la cabeza ya que los apoyos exteriores cambian continuamente la ubicación y al mismo tiempo estamos exigiendo a éstos a realizar sus ayudas en zonas distintas y siempre en dependencia el uno del otro.

Dado el alto nivel de exigencia de la actividad, recomendamos cada 2' cambiar los jugadores interiores.

VARIANTES

1. En lugar de mover a los jugadores exteriores en campo contrario, podemos plantear la actividad con apoyos en los laterales de todo el espacio de juego.

2. Idéntica situación de juego, pero con mayor número de jugadores interiores (2x2, 3x3 ó 4x4).

3. Situamos cuatro apoyos exteriores por equipo (dos en los laterales del campo contrario y dos detrás de la portería).

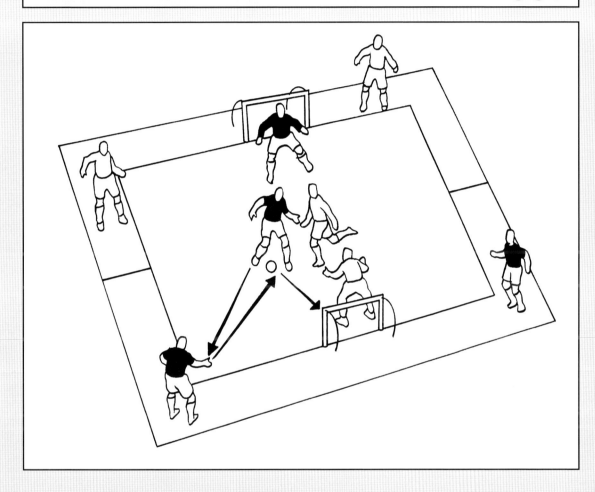

038

MEDIO: RONDOS TRES EQUIPOS

OBJETIVO: Movilidad, circulación de balón.

PERIODO DE APLICACIÓN
General - M. Acumulación.

INTENSIDAD
Alta.

F. C. MEDIA
158 ± 6

ENTRENAMIENTO
2-3 series x 10' (3' micropausa)

DESCRIPCIÓN

Compiten 3 equipos de igual número de jugadores (3,4, .. por equipo) variando con ello las dimensiones del espacio. Juegan 2 equipos contra 1 que intentará interceptar o recuperar el balón.

Los jugadores poseedores trabajaran a 1 ó 2 toques como máximo. Se contabilizará una recuperación cuando los jugadores del equipo defensor realizan dos contactos seguidos con el balón.

De los dos equipos poseedores del balón, aquel que realice un número determinado de pérdidas pasará a ser el equipo recuperador.

Dentro de la normativa del juego podemos incluir la posibilidad de no devolver el balón al mismo jugador que nos lo pasa o prohibir el pase entre los componentes de un mismo equipo.

VARIANTES

1. Realizamos el mismo juego pero trabajamos por tiempo, es decir, cada equipo permanece el mismo tiempo actuando de recuperador, contabilizando el número de veces que se intercepta, recupera o provoca pérdida del balón.

2. Marcar un número determinado de recuperaciones (10,..15).

3. Cambio continuo de posicionamiento ante una pérdida. El equipo que acaba de recuperar el balón, debe ir a una esquina del campo antes de poder volver a tocar el balón.

4. Añadimos un comodín que trabaja con los equipos en posesión del balón.Si al recuperar el balón, el equipo recuperador juega con el pivote, dejamos de ser recuperadores(aunque sea el primer robo de balón).

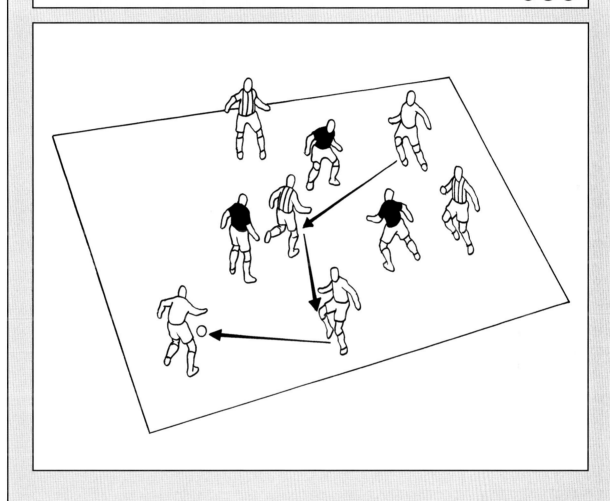

039

MEDIO: 10x10 CON 9 PORTERÍAS

OBJETIVO: Movilidad, circulación de balón.

PERIODO DE APLICACIÓN

General - M. Acumulación.

INTENSIDAD

Alta.

F. C. MEDIA

164 ± 11

ENTRENAMIENTO

2-3 series x 10' (3' micropausa)

DESCRIPCIÓN

Dentro de un cuadrado (variable en dimensiones dependiendo del número de jugadores por equipo), compiten dos equipos intentando marcar en cualquiera de las porterías pequeñas marcadas por conos.

El número de porterías es una unidad inferior al número de jugadores de cada equipo.

El gol es válido si el pase entre alguna de las porterías es recepcionado al otro lado por un compañero del equipo, continuando el juego de manera natural y con el balón en posesión del mismo equipo.

No se pueden marcar dos goles seguidos en la misma portería.

VARIANTES

1. Misma dinámica de juego, pero si un rival se coloca delante de la portería ya no se puede marcar en ella. Con esta variante pretendemos que la circulación del balón sea más rápida y fluida.

2. Idéntico juego con 3 equipos. Dos equipos poseen el balón y el tercero debe recuperarlo realizando dos contactos seguidos con el balón. Se contabilizan los goles que recibe el equipo recuperador, de forma que la competición consiste en intentar recibir el menor número de goles.

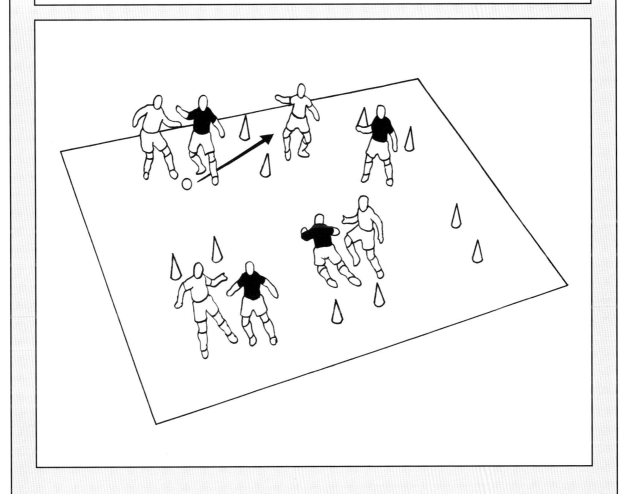

040

MEDIO: RITMO ALTO

OBJETIVO: Movilidad, circulación de balón.

PERIODO DE APLICACIÓN

Dirigido - M. Transformación.

INTENSIDAD

Alta.

F. C. MEDIA
166 ± 5

ENTRENAMIENTO
3 series x 5-8' (3' micropausa)

DESCRIPCIÓN

Juego 4x4 en un espacio aproximado de 40x40 con cuatro jugadores con balón que se sitúan en el exterior del espacio de juego.

El objetivo es mantener un ritmo alto de juego, sin interrupciones, de forma que cada vez que el balón sale de los límites del campo, un jugador exterior vuelva a introducir otro balón.

VARIANTES

1. Idéntico planteamiento del juego pero con dos porterías reglamentarias. Los exterior-es se sitúan siempre en la mitad propia del campo, dos en los laterales y dos detrás de la portería propia.

2. Realizar la misma actividad (con o sin porterías), con la variante de que es el entrenador el que decide cuando debemos introducir un nuevo balón en el juego. El objetivo es adaptarse rápidamente a situaciones de juego cambiantes, de forma que introducimos nuevos balones incluso antes de haber finalizado las acciones de juego anteriores.

3 Distribuir balones por el espacio de juego, siendo el entrenador el que decide el balón con el cual debemos realizar el juego.

040

041

MEDIO: CONTRASTE 1x1, 2x2

OBJETIVO: Movilidad, circulación de balón.

PERIODO DE APLICACIÓN

Dirigido - M. Transformación.

INTENSIDAD

Alta.

F. C. MEDIA
172 ± 10

ENTRENAMIENTO
3 series x 3' (3' micropausa)

DESCRIPCIÓN

Juego en un terreno de juego aproximadamente de 30x30 m., con tres espacios verticales marcados.

En cada uno de los espacios de juego realizamos marcajes al hombre con el objetivo de dificultar la circulación de balón.

La disposición de jugadores podemos decidirla en función del número de jugadores que participen, pero siempre con situaciones reducidas de 1x1 o 2x2.

La mejor opción sería la de disponer en el espacio central de una situación 2x2 y en los espacios laterales de 1x1.

VARIANTES

1. Con idéntico planteamiento anterior pero con una variante para facilitar la circulación mediante la superioridad numérica.

   La variante permitiría que un jugador de un espacio colindante al propio, pudiera cambiar de espacio buscando situaciones de 2x1 o 3x2. Únicamente un jugador puede llegar a ocupar un espacio colindante y siempre que el balón se encuentre en dicho espacio de juego.

2. Libertad absoluta de movimientos de los jugadores en posesión del balón, mientras que los recuperadores no pueden abandonar sus espacios de juego. De esta forma la superioridad numérica es manifiesta y por tanto la circulación de balón debe ser muy fluida.

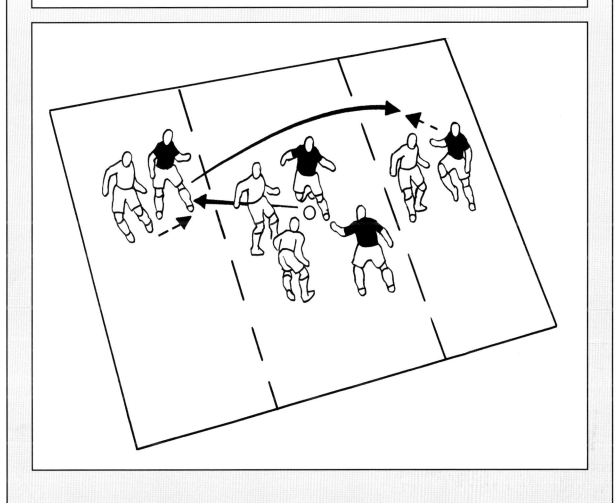

BIBLIOGRAFÍA
VIDEOGRAFÍA
STAGES
REVISTAS

BIBLIOGRAFÍA

ACCAME F. **FÚTBOL EN ZONA**.

ANTÓN, V., **FUBBALLTRAINING. 180 PRAKTISCHE ÜBUNGEN. BAND 1-2**. Edit. Versand Anton. Lindemann. Alemania.

ARGIMIRO, A., (1996). **FÚTBOL: ENTRENAMIENTO DE LOS CONTRAATAQUES**. Edit. Wanceulem. Sevilla.

ARGIMIRO, A., (1996). **FÚTBOL: ENTRENAMIENTO DE LOS ATAQUES DIRECTOS**. Edit. Wanceulem. Sevilla.

ARGIMIRO, A., (1996). **FÚTBOL: ENTRENAMIENTO DE LOS ATAQUES COMBINATIVOS**. Edit. Wanceulem. Sevilla.

BANI, MARCO. **NACIONALES ITALIANA DI CALCIO. ZONA E FONDAMENTALI**. Edizioni Prhomos.1994.

BLANCO, A. **CARGAS DE ENTRENAMIENTO Y COMPETICIÓN EN FUTBOL Y HOCKEY SOBRE PATINES**. Tesis doctoral. Barcelona 1994.

BONIZZONI, C., (1996).**IL GIOCO A ZONA**. Societa Stampa Sportiva. Roma.

CANEDA, R., (1998). **FÚTBOL EN ZONA**. Edit. Wanceulem. Sevilla.

CONDE, M., (2001). **MANUAL DE ENTRENAMIENTO TÉCNICO - TÁCTICO**. Instituto Monsa de Ediciones S.A. Sant Adriá de Besós. (Barcelona).

CONDE, M., (1999). **METODOLOGÍA DEL TRABAJO ZONAL. (Desde la formación a la élite)**. Instituto Monsa de Ediciones S.A. - Sant Adriá de Besós. (Barcelona).

CONDE, M., (1999). **MI ORGANIZACIÓN DEL ENTRENAMIENTO PARA EL DESARROLLO Y MEJORA DEL CONTRAATAQUE**. Instituto Monsa de Ediciones S.A. - Sant Adriá de Besós. (Barcelona).

CONDE, M., (2001). **ORGANIZACIÓN DEL ENTRENAMIENTO EN ESPACIOS REDUCIDOS**. Instituto Monsa de Ediciones S.A. - Sant Adriá de Besós. (Barcelona).

CRUZ CÁRDENAS, A., (1999). **FÚTBOL. ANÁLISIS DEL JUEGO. TERAPIA CORRECTORA**.

DEL RÍO, J. A., (1997). **METODOLOGÍA DEL BALONCESTO**. Edit. Paidotribo. Barcelona.

(1996). **APUNTES CURSO NACIONAL**. La Coruña (Galicia).

FONTE, J., (1996). **PROGRAMACIÓN ANUAL DE LOS CONTENIDOS TÁCTICOS DEL FÚTBOL, GIDOS A EQUIPOS DE CATEGORÍA JUVENIL. INEF**. (Galicia).

OMINGUEZ, E., VALVERDE, A., Y VARIOS. (1997). **"LA ESTRUCTURA ENERGÉTICA Y CONDICIONAL EN EL FUTBOL"**. Training Futbol Nº22.

FERNÁNDEZ, J., (1999). **ENTRENAMIENTO FÍSICO BASADO EN LA TÁCTICA Y EN LA ESTRATEGIA**

FRADUA, L., (1997), **LA VISIÓN DE JUEGO EN EL FUTBOLISTA**. Edit. Paidotribo. Barcelona.

I.N.E.F. (Galicia). **APUNTES P. FÍSICA MAESTRÍA 99-2000**.

I.N.E.F. (Galicia). **APUNTES TÁCTICA MAESTRÍA DEL FÚTBOL 96-97**.

MASACH, JULEN. **ANÁLISIS DE LAS SESIONES DE UNA TEMPORADA EN FUTBOL**. Revista "Training Futbol". Nº 27.Mayo 1998.

MAYER, R., **FÚTBOL. 120 JUEGOS DE ATAQUE Y DEFENSA**. Hispano Europea.

MAZZALI, S., (1992). **LA ZONA NEL CALCIO, TECNICA, TATTICA, E RUOLO CREATIVO**. Societa Stampa Sportiva. Roma.

MOMBAERTS, E., (1998). **ENTRENAMIENTO Y RENDIMIENTO COLECTIVO**. Hispano Europea.

NOGUÉS, RAFAEL. **ANÁLISIS DE LAS MODIFICACIONES DE FRECUENCIA CARDÍACA DE FUTBOLISTAS NO PROFESIONALES DURANTE LA COMPETICIÓN**. Revista "Training Futbol". Nº 25 Marzo 1998.

OLIVOS R., (1992). **TEORÍA DEL FÚTBOL**. Sevilla.

ROMERO CEREZO, C. **"HACIA UNA CONCEPCIÓN MÁS INTEGRAL DEL ENTRENAMIENTO EN EL FÚTBOL"**. Revista Cuadernos Técnicos de Fútbol. Nº15. Edit. Wanceulem. Sevilla.

SAMPEDRO, J., (1999). **FUNDAMENTOS DE TÁCTICA DEPORTIVA**.

SANS TORRELLES, A., FRATTAROLA ALCARAZ, C., (1997). **ENTRENAMIENTO EN EL FÚTBOL BASE**. Editorial Paidotribo. Barcelona.

SANS TORRELLES, A., FRATTAROLA ALCARAZ, C., (1998). **PROGRAMAS DE ENTRENAMIENTO PARA LA ETAPA DE TECNIFICACIÓN**. Editorial Paidotribo. Barcelona.

STAPELFELD W., (1995). **EL DUELO ENTRE DOS EN FÚTBOL**. Edit. Paidotribo. Barcelona.

VARIOS, (1997). **ENTRENARSE JUGANDO**. Edit. Paidotribo. Barcelona.

VAN GAAL, (2000). **DIE TRAININGS PHILOSOPHIE VON LOUIS VAN GAAL UN DEN AJAX TRAINERN**. BFP Vershand. Alemania.

VÁZQUEZ FOLGUEIRA, S., (1995). **1010 EJERCICIOS DE DEFENSA EN FÚTBOL**. Edit. Paidotribo. Barcelona.

WALKER, A. L., Y DONOHVE J., (1998). **NUEVOS CONCEPTOS DE ATAQUE PARA UN BALONCESTO MODERNO**. Edit. Paidotribo. Barcelona.

WEIN, H., (2000). **FÚTBOL A LA MEDIDA DEL ADOLESCENTE**. Cedifa.

ARGIBAY, A., (1996). **LOS SECRETOS DE LA ZONA**. (VOL. 1 y 2).

ARGIBAY, A., (1999). **ORGANIZACIÓN DEL JUEGO OFENSIVO**.

BONFANTI, M., PERENNI, A., (1996). **IL GIOCO A ZONA. (VOL. 2)**. Editoriale Sport Italia. Milano.

BARIC, O., (1998). **LE ESERCITAZIONI DI OTTO BARIC** . Editoriale Calzetti - Mariucci. Italia.

BARTOLUCCI, G., (1994). **LEZIONI DI CALCIO. LA ZONA**. Pressing e Fuerigioco Edit. Calzetti - Mariucci. Perugia. Italia.

BARTOLUCCI, G., (1994). **GIOCHIAMO A ZONA**. Edti. Calzetti - Mariucci. Perugia. Italia.

BONACCORSO, S., BIFFI, G., SAMADEN, R. ,(1998). **LE SITUAZIONI DI GIOCO SEMPLICE**. Edit. Sport Italia. Milano.

CONDE, M., (2001). **ENTRENAMIENTO TÉCNICO-TÁCTICO.** (2 volúmenes). Instituto Monsa de Ediciones S.A. Sant Adriá de Besós. (Barcelona).

CONDE, M., ARGIBAY, A., (1996). **EL ENTRENAMIENTO TÁCTICO. PRINCIPIOS OFENSIVOS**. Instituto Monsa de Ediciones S.A. - Sant Adriá de Besós. (Barcelona).

CONDE, M., ARGIBAY, A., (1996). **EL ENTRENAMIENTO TÁCTICO. PRINCIPIOS DEFENSIVOS**. Instituto Monsa de Ediciones S.A. - Sant Adriá de Besós. (Barcelona).

CONDE, M., ARGIBAY, A., (1999). **ORGANIZACIÓN Y DESARROLLO DEL CONTRAATAQUE**. Instituto Monsa de Ediciones S.A. - Sant Adriá de Besós. (Barcelona).

DAVIS, T., (Universidad de Iowa). **ZONA DEFENSIVA - BALONCESTO**.

DEL FREO, (1998). **1000 FASI DI GIOCO PER IL PERFEZIONAMENTO DELLA TATTICA CALCISTICA**. Edit. Calzetti - Mariucci. Italia.

FASCETTI, E., SASSI, R., (1999). **UN METODO PER LA PROGRAMMAZIONE NEL GIOCO DEL CALCIO**. Edizioni Prhomos. Italia.

PERENI, A., BRESCIA, S., (1999). **I MOVIMENTI DI GIOCO CON 2 ATTACCANTI**. Editoriale Sport Italia. Milano.

PERENI, A., BRESCIA, S., (1999). **I MOVIMENTI DI GIOCO CON 3 ATTACCANTI**. Editoriale Sport Italia. Milano.

O'NEIL K., **ATACANDO LA ZONA** (Baloncesto).

SACCHI, A., (1997). **SELECCIÓN NACIONAL ITALIANA**. (Entrenamientos). Milán. Italia.

VAN GAAL - VERGOOSSEN - ADRIAANSE. (1998). **ESERCITAZIONE PER IL CALCIO ALL'OLAN DESSE (3 VOLUMENES)**. Editoriale Calzetti - Mariucci. Italia.

· **AUXERRE**. (Francia). Noviembre 1.996. (Escuela de fútbol y equipo profesional).

· **PARIS ST. GERMAIN**. (Francia). Noviembre 1.996. (Equipo profesional).

· **SPORTING DE BRAGA**. (Portugal). Agosto - septiembre 1.997. (Equipo profesional. Entrenadores. Fernando Castro Santos y Alberto Argibay).

· **SPORTING DE BRAGA**. (Portugal). Abril 1.998. (Equipo profesional. Entrenador. Alberto Argibay).

· **REAL CLUB CELTA DE VIGO**. (España). Julio - agosto 1.996. (Equipo profesional. Entrenador F. Castro Santos).

· **REAL CLUB CELTA DE VIGO**. (España). Agosto - febrero 1.998. (Equipo profesional. Entrenador. Víctor Fdez.).

· **REAL CLUB CELTA DE VIGO**. (España). Agosto - diciembre 1.999. (Equipo profesional. Entrenador. Víctor Fdez.).

· **REAL CLUB CELTA DE VIGO**. (España). Julio - agosto 2.000. (Equipo profesional. Entrenador. Víctor Fdez.).

· **COMPOSTELA S. D.**(España). Agosto - septiembre 1.996. (Equipo profesional. Entrenador. Fernando Vázquez).

· **COMPOSTELA S. D.**(España). Agosto 1.999. (Equipo profesional. Entrenador. David Vidal).

· **MILÁN**. (Italia). Junio 1.998. "Stage di aggiornamento per allenatori e preparatori. Didactica de la zona."

· **R. BETIS BALOMPIÉ**. (España). Agosto 2.000. (Equipo profesional. Entrenador. Fernando Vázquez).

REVISTAS

· **"STADIUM"**. (Mensual). Buenos Aires. Argentina.

· **"ABFUTBOL"** . (Bimensual). Madrid. España.

· **"TRAINING FÚTBOL"**. (Mensual). Valladolid. España.

· **"EL ENTRENADOR ESPAÑOL"**. (Trimestral). Escuela de Entrenadores. Madrid. España.

· **"CUADERNOS TÉCNICOS"**. (Cuatrimestral). Ed. Wanceulem. Sevilla. España.

· **"FUSSBALL TRAINING"**. (Mensual). Alemania.

· **"IL NUOVO CALCIO"**. (Mensual). Ed. Sport Italia.